高职高专"十三五"规划教材

商标流程管理

黄炎娇　主编

北京

冶金工业出版社

2019

内 容 提 要

本书共分为五个训练模块，即商标流程管理岗位认知及商标基础知识、商标注册申请法律事务、商标非诉讼业务、商标监控管理法律事务、商标诉讼及维权法律事务。各模块将相关法律知识、管理知识、业务流程、案例分析融合在一起，全面系统地介绍了商标管理流程的业务操作和业务规范。

本书可作为高职院校知识产权专业的教材，也可作为高职院校知识产权法律事务及知识产权管理专业教学用书，并可供商标流程管理从业人员参考。

图书在版编目（CIP）数据

商标流程管理/黄炎娇主编 . —北京：冶金工业出版社，2019. 5

高职高专"十三五"规划教材

ISBN 978-7-5024-8082-0

Ⅰ.①商… Ⅱ.①黄… Ⅲ.①商标管理—高等职业教育—教材 Ⅳ.①F760. 5

中国版本图书馆 CIP 数据核字（2019）第 056718 号

出 版 人　谭学余

地　　址　北京市东城区嵩祝院北巷 39 号　邮编　100009　电话　(010)64027926

网　　址　www. cnmip. com. cn　电子信箱　yjcbs@ cnmip. com. cn

责任编辑　陈慰萍　戈 兰　美术编辑　彭子赫　版式设计　孙跃红

责任校对　郭惠兰　责任印制　李玉山

ISBN 978-7-5024-8082-0

冶金工业出版社出版发行；各地新华书店经销；三河市双峰印刷装订有限公司印刷

2019 年 5 月第 1 版，2019 年 5 月第 1 次印刷

787mm×1092mm　1/16；9.5 印张；228 千字；142 页

32. 00 元

冶金工业出版社　投稿电话　(010)64027932　投稿信箱　tougao@cnmip. com. cn

冶金工业出版社营销中心　电话　(010)64044283　传真　(010)64027893

冶金工业出版社天猫旗舰店　yjgycbs. tmall. com

（本书如有印装质量问题，本社营销中心负责退换）

前　言

北京政法职业学院经贸法律系知识产权专业（原知识产权法律事务专业）是首批与北京知识产权法院、国家知识产权局专利复审委员会、北京集佳知识产权代理公司等多家知识产权行业企业进行产教合作并签署战略合作协议的特色专业。目前，在北京市开设知识产权法律事务专业的高职院校唯有政法学院一家。知识产权专业作为高职类的新兴文科专业，具有很大的发展空间和潜力，同时也面临很多的挑战，例如，目前市场上并没有专门针对高职学生使用的知识产权类专业教学书籍。所以，针对高职学生的学习特点以及就业岗位的技能需求进行专业教材的编写尤为迫切。

商标流程管理课程是高职知识产权专业的实训课程之一。本书根据高职高专知识产权专业教学要求而设计，是在原有的使用多年的校本教材的基础上，结合学生反馈的信息进行认真系统的编写，知识讲解深入浅出，配有大量的典型案例，非常适合高职专业学生研读。

在体例编排上，本书以商标法律事务顺序为主线，将商标法律事务分解为五大综合项目模块，即商标岗位认知及基础知识、商标申请法律事务、商标权非诉业务法律事务、商标监控管理法律事务、商标诉讼法律事务。各综合项目下以商标代理业务主要工作流程为主线，根据业务流程的工作内容设计教学任务和实训任务，将商标法的基础知识、基本法律依据、商标业务流程及真实案例等内容融合为一体。另外，本书结合北京政法职业学院国家级法律文秘资源库项目平台可实现在线微课学习，读者可以登录资源库平台观看在线微课，丰富知识获取途径。

本书得到了中央财政支持高等职业学校提升专业服务能力项目以及北京政法职业学院的资金支持，在书稿撰写过程中得到院领导的指导和帮助。本书由黄炎娇同志担任主编，郭雷同志担任副主编，胡俊华、江昀同志参与了编写。编写组还邀请到行业专家对本书体例及法律事务部分提出了中肯的建设性意见和建议。北京政法职业学院的王雨静教授、孙智慧教授在资料搜集、疑文考据方面给予了指点，在此一并致以感谢。

　　本书编写的过程虽然耗费大量的时间、精力，但是也让我们受益匪浅，在一定程度上，可以说我们的收获远远大于投入。由于编者菲才寡学，书中尚存诸多不足之处，我们坚信"三人行，必有我师焉"，我们真诚地希望得到各界读者批评指正。

编者

2018 年 12 月于北京

目　录

综合项目一 商标流程管理岗位认知及商标基础知识

训练项目一 商标流程管理岗位认知

学习目标

(1) 了解商标流程管理岗位。

(2) 熟悉商标实务中的商标业务划分。

教学与训练任务一 认识商标流程管理岗位

一、商标流程管理岗位资质

在依法治国、知识产权强国发展战略的大背景下，科技强国、品牌兴业、强化版权保护等已成为经济社会发展的热点。目前，国家鼓励知识产权行业的发展，放开商标代理人的准入资质，除了在商标诉讼业务中要求有律师执业资质外，对商标流程管理的其他业务，国家并没有硬性的职业准入限制。作为商标法律的从业人员，在学好相关的法律知识的前提下，应当积极参与到相关行业的知识产权经营活动中，综合运用自己的知识技能，在具体实务中提高自己的业务能力和业务水平。

二、商标流程管理从业人员岗位职责及工作内容

（一）帮助商标申请人申请注册商标

商标的注册申请流程如图 1-1 所示。

(1) 帮助商标申请人选择显著性强的商标。商标作为识别企业商品或服务的标志，其显著性的强弱直接影响其注册申请，并且更重要的是它对后期商品或服务销售的产生重要影响。

(2) 进行商标申请的查询，提高商标注册的成功率。商标的在先查询是商标注册环节中最重要的一步，直接影响商标注

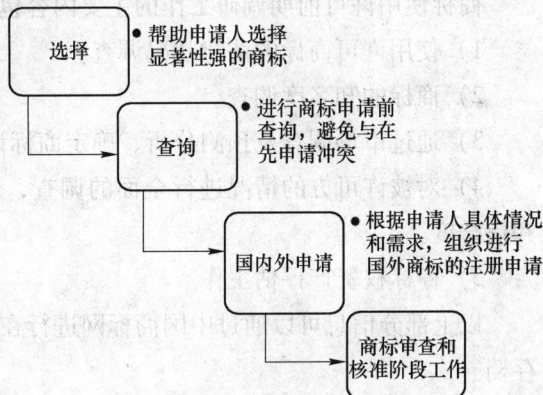

图 1-1 商标的注册

册后期的所有工作。商标查询工作不仅影响工作效率，而且决定商标的注册成功率。

（3）根据商标申请人的具体情况和需求，协助进行商标国内外注册申请。商标除了应积极进行国内注册申请外，当企业发展到一定程度，需要拓展海外市场的时候，知识产权必须先行。商标的海外注册是企业发展海外市场的重要一步。

（二）帮助商标权人对注册商标进行监控和有效管理

商标注册申请以后在使用过程中需要建立有效档案管理。如有商标注册人的名称、地址或其他注册事项变更的情况，需要及时处理，及时协助商标权人提出变更申请。

商标注册有效期为 10 年，自核准注册之日起计算。所以在商标注册期满之前，应当及时提醒商标权人办理续展注册手续。《中华人民共和国商标法》（以下简称《商标法》）第 40 条规定，注册商标有效期满，需要继续使用的，商标注册人应当在期满前十二个月内按照规定办理续展手续；在此期间未能办理的，可以给予 6 个月的宽展期。每次续展注册的有效期为 10 年，自该商标上一届有效期满次日起计算。期满未办理续展手续的，注销其注册商标。

（三）帮助商标权人做好商标转让、使用许可的工作

（1）做好商标转让、使用许可的前期调研工作。商标转让需要双方签订转让合同，在签订合同之前，商标受让人应对转让的商标信息进行核实。商标转让工作的前期调研内容主要包括：

1）转让人是否为合法有效的商标权利人。

2）转让商标是否存在权利瑕疵。

3）转让商标为多主体共同拥有的商标，是否经其他共有人同意。

4）如果转让商标是强制注册商标，受让人是否获得了有关部门批准注册的证明文件。

5）是否违反"一并转让原则"。

6）转让后该商标是否存在误认、混淆或其他不良影响。

商标使用许可前期调研工作的主要内容包括：

1）使用许可商标的法律状况调查。

2）商标的知名度调查。

3）通过市场调查及预测分析、确定商标许可的地域范围、许可的种类、许可的期限。

4）对被许可方的情况进行全面的调查，包括主体资格、经营范围、规模、经济实力和信誉度。

5）商标权资产评估工作。

以上部分信息可以通过中国商标网进行在先综合查询，通过调研，形成书面文件，并存档。

（2）为商标转让、使用许可合同签订提供专业意见。为商标权人提供符合形式要求的合同文本，熟悉商标转让及使用许可合同的签订流程。

（四）适时监测商标情况，发现损害商标利益的行为时应积极主张权利

商标所有人注册商标后，在商业活动中要实时监测自己商标的运行情况，一旦发现有明显的不法行为，应及时提出权利主张，防止造成不必要的经济损失，或给企业带来不当的商业影响。作为商标流程管理人员应协同企业法律顾问或专业律师的工作，定期监测商标公告，发现可能有不当注册申请的商标，应当及时启动异议程序，阻止该申请。

（五）针对侵权和假冒行为进行调查、分析、固定证据

通过商标监测，如果怀疑存在侵权假冒行为，应协同企业法律顾问或专业律师完成前期的调查、收集、分析工作，以确定是否构成侵权以及构成何种侵权。可通过行政手段或非诉讼业务途径制止侵权。如果是专业律师还可以通过签发律师函或提起诉讼寻求保护。商标侵权调查流程如图 1-2 所示。

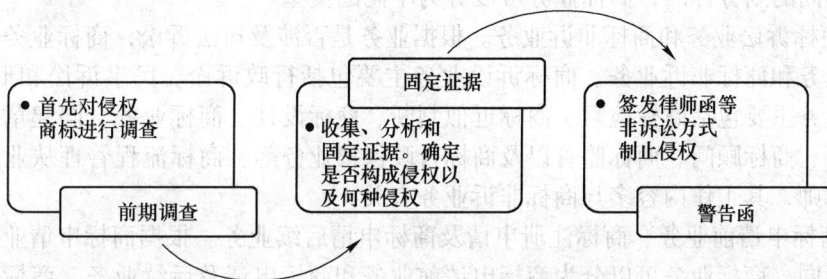

图 1-2　商标侵权调查流程

（六）帮助商标权人建立商标档案、健全商标管理制度

商标档案是商标流程管理的基础材料，它是商标从设计到注册以及使用的有关文件材料。商标档案内容包括商标的设计时间、注册类型、销售时间和销售金额及发票复印件、商标监测、调查取证、海关备案、行政投诉以及司法诉讼等一切相关材料。根据档案记录，商标流程管理人员可以协助商标权人制定合适的商标管理制度。建立有效的、合理的管理制度可以保证商标的有效运行。

（七）指导商标权人正确使用和宣传商标

根据《商标法》的规定，商标权人应当正确使用注册商标。商标权人在使用注册商标的过程中应当标明注册商标，保证商品质量和服务质量；不得随意改变注册标识；不得自行改变商标的注册事项；不得超出注册范围使用；不得自行转让；不得连续 3 年停止使用。在使用过程中还要注意防止商标显著特征的退化等问题。

实　训

【实训背景】　小李是一名刚入职的商标流程管理专员，在校时学习踏实勤奋，专业知

识能做到触类旁通，可是在单位总感到很孤单，和同事格格不入，不论自己怎么努力也很难获得指导老师的好评，感觉被排挤，很难融入新的集体，不能快速进入工作状态，甚至产生离职的想法。其实作为一名合格的商标流程管理人员除了有过硬的专业知识、职业技能以及敬业精神外，还需要具备一些职场的综合素养。任何人进入一家新公司，都需要一段时间融入新团队。要做好迎接磨合的心理准备，要善于处理人际关系。如果没有强大的心理应对不适应，很容易让负面情绪放大，冲动之下做出错误的决策。

【实训任务】 综合运用所学知识，谈谈对商标流程管理职业的认识，以及要成为一名合格的商标流程管理从业人员应当具备的知识技能以及职业素养。应当从哪些方面提高自己的从业能力（形成文字，并参与到课堂讨论）。

教学与训练任务二　商标业务类型

根据不同的划分标准，商标业务可以分为不同的类型。

（1）商标诉讼业务和商标非诉业务。根据业务是否涉及司法诉讼，商标业务可以分为商标诉讼业务和商标非诉业务。商标诉讼业务主要包括行政诉讼、民事诉讼和刑事诉讼。商标非诉业务主要包括商标检索、商标近似判断、商标设计、商标业务合同起草、商标国内国际申请、商标顾问、商标监管以及商标行政保护业务等。商标流程管理从业人员如果不是专业律师，其工作内容多与商标非诉业务有关。

（2）商标申请前业务、商标注册申请及商标申请后续业务。根据商标申请业务阶段工作内容的不同，商标业务可以分为商标申请前业务和商标申请及后续业务。商标申请前业务主要包括商标设定及类别项目的选择、商标申请前近似查询、商标相同及近似判断、商品及服务类似判定。商标申请及后续业务主要包括商标注册申请、商标补正申请、驳回商标注册申请复审申请、商标信息变更业务以及商标续展业务。

（3）商标局申请业务和商标评审业务。根据申请对象的不同，商标业务可以分为向商标局申请的业务和向商标评审委员会申请的业务。

向商标局申请的业务有：商标国内注册、商标国际注册、商标异议、商标变更、商标转让、商标注册申请转让、商标续展注册、注册商标续展延迟、撤销连续3年停止使用注册商标、注册商标注销、商标专用权质押登记、补发变更转让续展证明、补发商标注册证、提供商标注册证明、提供优先权证明文件申请、商标使用许可合同备案申请、商标使用许可合同备案变更提前终止等。

向商标评审委员会申请的业务有：驳回商标注册申请复审申请、不予注册商标复审申请、撤销注册商标复审申请、注册商标宣告无效申请。

（4）商标确权业务和商标维权业务。根据对权利诉求的不同，商标业务可以分为商标确权业务和商标维权业务。商标确权业务主要包括商标申请、商标许可、商标转让、商标质押、商标异议、驰名商标认定等业务。商标维权业务主要包括公司投诉、会展保护、海关保护、域名争议及诉讼业务。

实　训

【实训背景】 商标流程管理员小高有个"好记性"，上班第一天就能记住绝大多数同事的名字，领导交办的任务从不丢三落四，工作有条不紊，在工作中得到领导和同事们的一致好评。那么小高的"好记性"究竟是怎么做到的呢？原来，小高除了勤奋踏实，在工作学习中他还特别善于总结和记录，尤其是善于运用思维导图来记录和总结自己的工作和学习内容，所以小高的工作和学习效率高。其实，在日常学习工作中对接收到的信息进行梳理是非常重要的，知识梳理会让我们的知识结构更加清晰，理解力、记忆力也会得到大幅提升。在接下来的学习中，希望同学们也能善于搜索信息，总结学习方法，并运用思维导图的学习模式，总结或获取信息中的关键词，并将其与图像和颜色建立记忆链接，提高自己归纳总结的能力。

【实训任务】 结合教学与训练任务二中所学知识，运用自己的思考力为商标流程管理员设计一张关于业务范围的思维导图，利用图像把思考过程演示出来。

训练项目二　商标及商标法律制度

学习目标

（1）了解商标流程管理环节。

（2）掌握商标流程管理岗位需要具备的知识与技能。

（3）能熟练运用《商标法》等法律知识于实务操作。

教学与训练任务一　　商标概述　›››

一、商标的定义

商标是指能够将不同的经营者所提供的商品或者服务区别开来，并可为视觉所感知的显著性标记，在中国，就是我们俗称的"牌子"。

虽然商标一词是世界的通用法律用语，但各国对商标的表述并不完全相同。《英国商标法》将商标定义为："商标是指任何能够以图像表示、能够将某一企业的商品或服务与其他企业的商品或服务区分开来的标记。"《法国知识产权法典》将商标定义为："商标或服务商标是指用以区别自然人或法人的商品或服务并可用书写描绘的标记。"

世界贸易组织《与贸易有关的知识产权协定》（TRIPS 协定）定义商标为："商标是指任何能够将一个企业的商品或服务区别于另一个企业的商品或服务的符号或者符号组合。"

2013 年 8 月 30 日我国修改通过《商标法》，该《商标法》第 8 条规定："任何能够将自然人、法人或其他组织的商品或他人的商品区别开的标志，包括文字、图形、字母、数字、三维标志、颜色组合和声音等，以及上述要素的组合均可以作为商标申请注册。"

由此我们可以分解出以下信息（见图 1-3）：

（1）商标的所有者或使用者是而且只能是商品的生产者、经营者或服务提供者。

（2）商标是商品或服务上使用的标记。

（3）商标是标明商品或服务来源并区别同类商品或服务的标志。

（4）商标的构成要素可以是文字、图形、字母、数字、三维标志、颜色组合和声音，也可以是这些要素的组合。

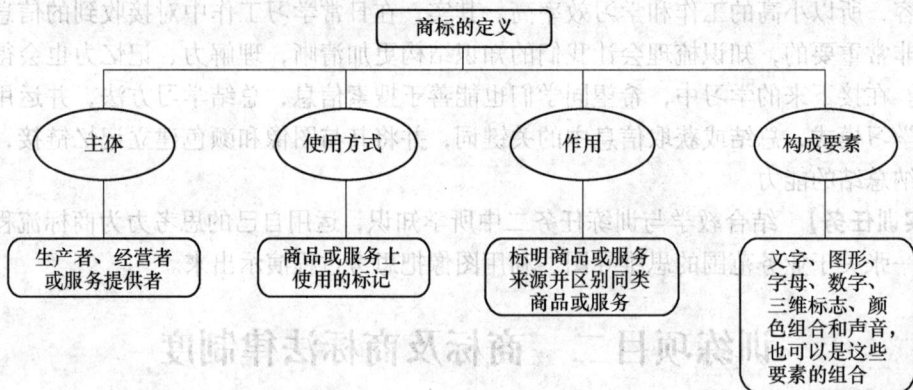

```
                        ┌──────────┐
                        │ 商标的定义 │
                        └──────────┘
          ┌──────────┬──────────┼──────────┬──────────┐
       ┌──────┐  ┌──────────┐ ┌──────┐  ┌──────────┐
       │ 主体 │  │ 使用方式 │ │ 作用 │  │ 构成要素 │
       └──────┘  └──────────┘ └──────┘  └──────────┘
```

| 生产者、经营者或服务提供者 | 商品或服务上使用的标记 | 标明商品或服务来源并区别同类商品或服务 | 文字、图形、字母、数字、三维标志、颜色组合和声音，也可以是这些要素的组合 |

图 1-3　商标的定义

二、商标的功能和作用

由于商标在商品经济活动中的特有地位和独立价值，我们不难归纳出商标在商品贸易中的功能和作用。

（一）商标的功能

（1）区分商品或服务来源的功能。区分商品或服务来源的功能是商标最基本的一个功能。如何让消费者在购买产品的过程中一眼便识别出自己所需的产品，又如何让商家保持惯有的品质以赢得源源不断的客户，这就离不开商标这个重要的媒介。

一个小小的商标包含的信息不止表层，消费者通过商标不仅可以判断出商品出自哪个生产者，而且甚至可以知道产品的加工、拣选、经销者以及企业文化，这就是"标识来源"。

（2）品质保证功能。商标是产品质量的代言人，消费者通过商标可以选择出质量稳定、可靠的商品，而对于经营者而言，为了维护其在客户心目中的商业信誉和市场形象，就不得不稳定并提高自己的产品和服务的质量，以免自砸招牌。

（3）广告宣传功能。在市场竞争中，由于商标特有的显著性，便于呼叫和记忆，因此当消费者发现一个好的品牌，可以口碑相传的方式将信息快速发散给自己身边有同样需求的朋友。

（4）承载企业文化的功能。在消费市场我们不难发现一些百年老字号的品牌。这些百年老字号传承的不仅仅是一块商标，更多是一种文化，其包含着世代传承的品质、技艺或服务以及鲜明的文化背景和深厚的文化底蕴。

（二）商标的作用

商标的作用是指商标发挥自身功能对社会经济活动所产生的各种影响。

从消费者的角度来看，商标最重要的一个经济作用就是降低信息和交易的成本。商标的可识别性可以帮助消费者在商品繁多的消费市场实现快速认牌购物，在搜索商品的过程中避免浪费不必要的人力物力。商标的另一作用是维护消费者权益。商标具有品质保证的功能，一旦发生侵害消费者权益的情况，消费者可以根据商标追根溯源，寻求权益保护。

从企业的角度来看，商标能够刺激企业提高产品质量，重视商誉。企业想在激烈的市场竞争中吸引住消费者的目光，使他们选择自己的商品，就必须保持稳定的商品质量。

所以，商标可以促使社会经济效率健康高效的运行。

三、商标的基本类型

按照不同的划分标准，商标可分为不同的类型。根据各分类标准划分出来的商标种类并不是一成不变的，随着市场经济的发展和完善还会出现新的商标种类。另外，一个商标可能同时隶属于不同的商标种类。了解商标的类型有助于设计和使用商标，同时，对企业实施商标策略有积极的意义。

（一）商品商标和服务商标

按商标的使用对象来分，商标可以分为商品商标和服务商标。

（1）商品商标。用于区分商品的商标称为商品商标，它是数量最多、用途最广的商标。商品商标是一种传统的商标类型。它的作用主要是为了区分不同企业生产的同类商品，例如手机上使用的"华为"、"苹果"等商标。

（2）服务商标。用于区分服务企业的服务场所、服务用品、服务规格等内容用以与其他服务企业加以区别的标记，称为服务商标，又称为服务标记。这里讲的服务企业包括旅馆、饭店、航空公司、出租汽车公司、保险公司、旅行社等，涉及面很广。对于服务商标，并不是所有国家都给予注册保护。在我国，1993 年修改后的《商标法》增加了对服务商标保护的规定。

（二）形象商标和非形象商标

按商标的视觉效果来分，商标可以分为形象商标和非形象商标。

非形象商标，人们无法通过视觉感受到它的存在，要通过听见、味觉去感知它。

形象商标又称为视觉商标，可以分为文字商标、图形商标、三维标志、颜色组合以及组合商标。

（1）文字商标：以各种语言文字、拼音字母、数字组成的商标称为文字商标。单纯用数字组成的商标不易被批准，除非是驰名商标。

（2）图形商标：由平面或立体图形构成的商标称为图形商标。其优点是形象鲜明、特征显著，便于识别，不受国家、地区、语言的约束，其缺点是不便于称呼，缺乏听觉效果。

（3）三维标志：又指立体商标，它是指以商品外形或长、宽、高三维标志为构成要素的商标。在实际生活中，像酒瓶、饮料瓶、香水瓶和容器及产品的独特外包装等具有立体标志的物品可以申请立体商标，例如麦当劳的金色拱门、派克金笔的专业笔拖造型、劳斯莱斯汽车的飞天女神车标等。为了防止不适当的注册，我国《商标法》对用三维标志申请注册的商标进行了一些限制。其第 12 条规定，以三维标志申请注册商标的，仅由商品自身的性质产生的形状、为获得技术效果而需有的商品形状或者使商品具有实质性价值的形状，不得注册。

（4）颜色组合商标：由不同颜色组成的商标称为颜色组合商标。我国《商标法》2001 年修改后，增加了颜色组合商标，但要求必须为两种以上颜色的组合才能申请商标注册。

（5）组合商标：以文字、图形、数字、字母、颜色组合而成的商标（其中文字是必不可少的）称为组合商标。在现代商标中，组合商标数量最大，一般以图形为主，文字为辅，兼有视觉和听觉效果，但是要求文字与图形、颜色等要素的组合要协调。在日常生活中以此类商标比较常见。

延伸阅读

第 14502514 号"男人咳嗽声"（声音商标）商标驳回复审案

一、基本案情

第 14502514 号"男人咳嗽声"商标（声音商标，以下称申请商标）由腾讯科技（深圳）有限公司（即本案申请人）于 2014 年 5 月 4 日提出注册申请，指定使用在云计算等服务上。后商标局以该商标为男人的咳嗽声"咳咳"，用在指定服务项目上缺乏显著性，不具备商标的可识别作用，属于《商标法》第 11 条第 1 款第 3 项所指情形为由驳回其注册申请。2015 年 5 月 25 日，申请人不服商标局的上述驳回决定，依法向商标评审委员会提出复审。

二、决定结果

商标评审委员会经审理认为，申请商标为男人咳嗽的声音，指定使用在云计算等服务上不易被作为商标识别，缺乏商标应有的显著特征，属于《商标法》第 11 条第 1 款第 3 项所指的情形。另外，申请人提交的使用证据未涉及申请商标在云计算等服务上的使用，不能证明申请商标经使用已具有显著性。综上，申请商标在复审服务上的注册申请予以驳回。

三、典型意义

《商标法》第 11 条第 1 款第 3 项规定，其他缺乏显著特征的标志不得作为商标注册。该条具体是指除《商标法》第 11 条第 1 款第 1、2 项以外的依照社会通常观念本身或者作为商标使用在指定商品上不具备表示商品来源作用的标志。本条属于兜底条款，借鉴了国际条约和其他国家的立法经验，为属于《商标法》第 11 条第 1 款第 1、2 项规定情形之外的其他缺乏显著特征的标志禁止获得商标注册提供了法律适用的依据。本案涉及对声音商标的显著特征审查。增加声音商标是顺应商标注册的国际发展趋势和企业自主创新发展需求而做出的必要调整。声音商标实质审查采用与可视性商标一致的审查标准，包括禁用条款审查、显著特征审查、相同或近似审查等。考虑到声音商标的表现形式、使用方式等，通常情况下，声音商标需要经过长期使用，才能取得显著特征。

（三）证明商标、防御商标和联合商标

按商标的特殊性质分，商标可以分为证明商标、防御商标和联合商标。我国《商标法》对防御商标和联合商标还未做出明确规定。但是在商标实务中，已经有企业申请注册了这两种商标。

（1）证明商标。证明商标又称保证商标，是指由对某种商品或者服务具有监督能力的组织所控制，而由该组织以外的单位或者个人使用在其商品或者服务中，用以证明该商品或者服务的原产地、原料、制造方法、质量或者其他特定品质的商标，例如"绿色食品"、"纯羊毛标志"、"真皮"等。任何具备某一证明商标使用条件的企业都可以申请使用此种商标。但是证明商标的所有与使用分属不同的主体，证明商标的所有权由对某种商品或服务具备监测与监督能力的组织注册并拥有，但注册人自己不能将证明商标用于自己的服务或经营的商品上，只能由该注册人以外的人使用在他们的商品或者服务上。证明商标不具有专用性，不可以自行转让。

（2）防御商标。商标所有人将一具有独创性或已为公众知晓的商标，在该商标核定使用的商品和服务类别之外的不同商品和服务上加以注册的同一商标，称为防御商标。一般只有驰名商标才有必要注册防御商标，只有驰名商标才有权注册防御商标。这实际上是对驰名商标所采取的一种特殊的、有效的保护形式。防御商标又称为防护商标。例如"海尔"商标可以在家用电器之外的其他商品，甚至所有类别商品上进行注册，以阻止他人的注册和使用。

（3）联合商标。联合商标是指同一个商标所有人在同一种或者类似的商品和服务中注册两个或两个以上近似的商标。其中一个被指定为主商标，是实际使用的商标，其余的是为了防止他人注册造成混淆而注册的，用于积极防卫。联合商标可以由商标申请人分批获得注册，但不能单独转让或许可。例如："乐口福"食品商在注册该商标的同时，注册了"乐福口"、"口乐福"、"口福乐"、"福口乐"等商标；"全聚德"烤鸭店同时注册了"德聚全"、"聚全德"、"聚德全"、"德全聚"、"全德聚"等商标。联合商标中的每一个商标都不能单独转让，而必须全部一同转让或许可他人使用。

对联合商标实行保护的国家一般都规定，只要使用了联合商标中的一个，就可以认为整个联合商标都符合商标法中所规定的"使用"要求。

（四）驰名商标、著名商标和知名商标

按商标的市场知名度分，商标可以分为驰名商标、著名商标和知名商标。

（1）驰名商标。驰名商标是指经过长期使用，在市场上被公众所熟知的商标，即知名度高、影响力大、信誉高、富有竞争活力的商标。

（2）著名商标。这也是一个在国际上常用的法律概念。著名商标是指知名度高于普通商标、低于驰名商标的商标。在我国著名商标主要是指各省、直辖市和自治区评选出的省级商标，因而其保护力度和驰名商标不能相提并论。

（3）知名商标。这不是一个国际上通用的法律概念。但是除了中国，外国也有采用这一概念的，如日本就有知名商标和驰名商标的分类。知名商标的声誉和知名度低于驰名商标。

在我国，著名商标、知名商标一般都是省、市、地区自己评选出来的，不是我国《商标法》规定的一个法定概念。至于二者谁高谁低，没有明确答案。很多时候是商家用于市场宣传时的一种噱头。

（五）制造商标、销售商标和集体商标

按商标的使不同用者分，商标可以分为制造商标、销售商标和集体商标。

（1）制造商标。标明商品的生产、制造、加工者的商标称为制造商标，又称为生产商标或工业商标。

（2）销售商标。企业为了销售商品而注册和使用的商标称为销售商标，又称为经营商标或商业商标，主要用于外贸公司出口商品。

（3）集体商标。由不同的企业依共同利益自愿组成的、具有法人资格的工商业团体或行业性组织共同申请注册、各自享用的商标称为集体商标。使用该商标的商品，表明是由加入这一工商业团体或行业性组织的企业生产的，其产品质量受到该组织的监督。集体商标一般不能转让和许可。例如铁路、银行、邮政、电信的标志就属于集体商标。

四、商标和其他商业标记的区别

商品上除了使用商标之外，还有一些别的标记，比如企业商号，商品装潢、产地名称等等。这些标记和商标一起统称为商标标识。它们和商标既有区别又有联系。

（一）商标与商号

商号，亦称字号，是经营者表明自己的名称，是企业名称中的特征部分。商标与商号有着紧密的联系，不少企业的商号和商标是相同的，例如迪士尼、海尔、柯达、华为、苹果等。将商号和商标统一起来，既可以标识商品又可以代表企业，两者相得益彰。但也有不少企业的商号和产品商标并不一致。例如联合利华公司的商号是联合利华，但是旗下品牌却有奥妙、金纺、多芬、力士、立顿等商标。

商标和商号之间有着明显的区别，不能混为一谈。

（1）商标是特定商品或者服务的标志，而商号是营业主体本身的标志，二者的识别对象不同。

（2）商标和商号的构成要素的不同。商标可以由文字、图像等要素单独或组合而构成，而商号只能是文字形式。

（3）登记注册后所产生的法律效力不同。商号依据《企业名称登记管理暂行规定》进行登记注册后，所享有的企业名称专用权权限仅限于登记主管机关所辖范围；而商标经注册登记后在全国范围内享有注册商标专用权。

（4）商标注册大多实行自愿注册原则，除了强制注册的商标，需要取得商标专用权外，其他不经注册的商标也可以使用，只是一般情况下不享有专用权。而商号不经登记不得使用。企业名称登记是工商业组织取得市场主体资格的前提条件，在企业名称名义下，经营者从事工商业活动，享受权利和承担义务。

（二）商标与地理标志

地理标志是指标示某商品来源于某地区，该商品的特定质量、信誉或者其他特征主要由该地区的自然因素或者人文因素所决定的标志。我国《商标法》中的"地理标志"援用了《TRIPS 协定》中的概念，《巴黎公约》和《里斯本协定》使用的是"原产地名称"概念，欧盟则同时使用"原产地名称"和"地理标志"两个概念。我们耳熟能详的地理标记有"涪陵榨菜"、"烟台苹果""龙井茶""库尔勒香梨"等。地理标志同商标的区别在于：

（1）含义不同。地理标志主要用于表明某一产品的产地，并通过产地表明所具有的质量和特色。而商标表明商品是由哪一个经营者生产或者经销的，并不能说明产品特有质量。

（2）专有的范围不同。地理标志可以作为证明商标，有该标志所标示的地区经营者的代表申请注册，该地区的经营者共同使用。而商标有独立的民事主体申请注册取得专用权，排除任何第三人的使用。

（三）商标与特殊标志

特殊标志是指经国务院批准的全国性、国际性的文化、体育、科学研究及其他社会公益活动所使用的，由文字、图形组成的名称及缩写、会徽吉祥物等标志。例如奥林匹克五环图案、奥林匹克徽章、希望工程标志等均属于特殊标志。特殊标志也可用于商品包装、商品广告，但又与商标有着明显区别：

（1）是否具有营利性。特殊标志大多使用于公益活动相关的广告、纪念品以及其他物品。特殊标志所有人为募集资金可以许可他人将特殊标志使用于某些商品。

（2）特殊标志不具有区别来源的功能。特殊标志并不为了表示产品的出处，而是表明该商品或者服务项目的经营者取得了标志所有人的许可，或者与标志所表示的事业或者活动之间的某种支持、赞助关系。经营者在商品上使用特殊标志的时还需要使用商标，以便确定产品来源。

（四）商标与通用标记

通用标记（见图1-4）是指表示商品特性、品质、用途的行业标记。通常是一种简洁、醒目的符号或图形构成。通用标记本身不具有区别来源的作用。经营者也不应使用与通用标记相同或近似的图形作商标。

图 1-4　通用标记

五、我国商标的历史沿革

　　我国是世界上较早使用商标的国家，汉唐时期，首都长安作为世界贸易的交易中心，往来商贸频繁而繁荣。商品经济十分发达，不少商家在商品上做上自己特有的标记以示区分。商标的使用功能和特征在这一时期开始显现。到了宋代我国就有了形式上非常完备的"商标"。北宋时期，山东济南刘家功夫针铺使用"白兔"作为商品的商标（见图1-5）。该商标的图案是一个持药杆的兔子，图形两侧有"认门前白兔儿为记"的文字说

图1-5　白兔商标

明，上面印有"济南刘家功夫针铺"的字样，下侧刻有"收买上等钢条，造功夫针铺，不误宅院使用，客转与贩，有加饶，请认白"的广告语。

　　明清时期是我国商标发展的一个重要的阶段，我国真正意义的商标制度建立于晚清。1840年鸦片战争以后，清政府被迫打开国门，与帝国主义列强签订了不少保护外国商标权的条款。清政府于1904年颁布的《商标注册试办章程》是我国历史上第一部商标法。该法由当时任中国海关总税务司的英国人赫德起草。《商标注册试办章程》实行注册原则和申请在先原则、注册有效期20年、对假冒商标采取不告不理原则，对涉外商标纠纷实行"领事裁判权"。但此章程实际上并未真正实施过。我国明清时期，无论商标的数量还是社会影响都较过去有很大发展，形成了一大批有影响力的、至今还在使用的商标，如"同仁堂""张小泉""鼎丰"等商标。

　　建国初期，由于国内政治、外交、经济等多方面因素的影响，商标发展十分缓慢。直到20世纪80年代，我国商标才开始崛起，随着改革开放和市场化经济的发展，以及国外品牌的大举进入，我国企业意识到拥有企业商标的重要性，在竞争中陆续产生了"海尔""长虹""康佳""联想""春兰"等驰名商标。

　　进入21世纪，伴随着国际商品业务的繁荣，商标在国际商贸活动中扮演着越来越重要的角色，成为国际市场竞争的无形资本。为打造出具有世界影响力的自主品牌，我国企业开始走向世界，一批具有国际影响力的民族品牌凭借过硬的商品质量和企业实力，得到国际社会的认可和赞同。至此，我国商标的发展进入了一个崭新的历史时期。

实　训

　　【实训背景】 很多企业在进行商标注册时，常常会对平面商标与立体商标产生疑问，认为商标都是平面商标，何来立体商标这一说。其实，这是对商标类型的一个很大的误解。究其原因，主要还是由于对商标构成要素及商标类型的理解不够。所以，一个合格的商标流程管理人员需要掌握基本的商标知识，再结合企业本身的情况，帮助企业选取合适的商标形式进行注册，从而保障商标注册正常有序进行。分清商标的类型，企业在进行商标注册申请时，也需要提前了解这方面的相关知识，免得云里雾里，无从下手。

　　【实训任务】 结合所学知识，和小组成员一起讨论图1-6所示商标，并进行分类。

（a）　　　　　（b）　　　　　（c）　　　　　（d）

（e）　　　　（f）　　　　（g）　　　　（h）　　　　（i）　　　　（j）

（k）　　　　　　（l）　　　　　　　（m）　　　　　　（n）

图1-6　商标讨论

教学与训练任务二　商标法概述

一、商标的国际法律体系

早期的商标制度通过法院的判例形成的。国外商标法律制度的产生和发展经历了三个重要时期：19世纪初期商标单行法规出现、19世纪中后期商标法律制度进一步发展、19世纪下半叶商标法的国际化发展。

现代商标的国际法律体系始于19世纪，将商标作为一种私有财产受到法律的承认和保护，并成为一种专门的法律制度。法国1803年颁布的《关于工厂、制造厂和作坊的法律》，是世界上最早的一部含有保护商标规定的法律，它把假冒商标按照私自伪造文件处理；1804年颁布的《拿破仑民法典》，第一次肯定了商标权应与其他有形财产权一样受到保护；1857年制定的《关于以使用原则和不审查原则为内容的制造标记和商标的法律》，确立了商标的注册制度，可谓商标发展到成熟阶段的标志。德国于1874年颁布了采用"不审查原则"的《商标保护法》，后于1894年颁布了以"审查原则"为内容的《商标法》。美国于1870年制定了《联邦商标条例》；1881年颁布了新商标法；现行商标法是1964年颁布并经数次修订的《兰哈姆法》。英国于1862年颁布了《商品标记法》；1885年又颁布了《商标注册法》；1905年通过新的商标法。日本受德国和英国商标法的影响，

1884 年制定了以"注册原则"为基本内容的《商标条例》；现行商标法是 1981 年最后修改的《日本商标法》。进入 20 世纪以来，亚、非、拉美等许多国家也先后制定了自己的商标法。至今，世界上绝大多数国家都制定有商标法，商标法已成为各国通行的工业产权制度。

19 世纪以后，由于国际商贸往来的兴盛，国际经济一体化的发展，世界各国的各种商品和它们的商标相互流通，商标跨越国际边界，影响整个国际贸易市场。所以为了更好地规范全球贸易市场，规范对外贸易，消除国际间的不正当竞争，各国积极制定国际贸易中的工业产权规则。1883 年于巴黎举行的外交会议上，法国、意大利、葡萄牙、西班牙、比利时、荷兰、瑞士、塞尔维亚、巴西萨尔瓦多和危地马拉 11 个国家签署了《保护工业产权巴黎公约》（简称《巴黎公约》），该公约成为知识产权国际保护的第一个世界性的公约，标志着商标制度开始进入现代阶段。随后，同盟国先后多次举行大会修订《巴黎公约》，并围绕《巴黎公约》制定了一些和商标有关的国际协定。

二、商标的国内法律制度及立法沿革

虽然我国在战国时期就已出现商标使用的实践，到北宋时期出现商业意义上的商标，可谓历史源远流长，但是我国建立商标制度却是在晚清时期。清朝末期，清政府迫于外来压力，为了保持和资本主义列强的通商贸易，开始对商标进行保护。1901 年 9 月 7 日，清政府与八国联军及比利时、西班牙、荷兰等 11 国订立了《辛丑条约》。该条约第 11 款规定："大清国国家允定，将通商行船各条约内，诸国视为应行商改之处，及有关通商各他事宜，均行议商，以期妥善简易。"1902 年清政府和英国政府签订《中英续议通商行船条例》，该条例第 7 款规定："由南、北洋大臣在各管辖境内设立牌号注册局所一处，派归海关管理其事。各商到局输纳秉公规费，即将贸易牌号呈明注册，不得借给他人使用，致生假冒等弊。"1903 年清政府分别与美国和日本签订了《中美续议通商行船条约》《中日续议通商行船条约》，在条约中美、日两国政府对清政府也提出了与英国类似的要求。到 1904 年，清政府迫于压力，颁布了《商标注册试办章程》，这是中国历史上第一个关于商标的成文立法，由于章程受到猛烈抨击，无法平衡各方利益，并没有得到正式施行，但是为后来的中华民国商标立法奠定了基础，起到了示范作用。

1923 年北洋政府颁布《商标法》和《商标法实施细则》，该法实行注册原则，兼顾在先使用商标，保护商标的专有使用权利，规定商标的注册有效期为 20 年，并规定了相应的商标续展、商标侵权保护等制度。

1927 年国民政府在南京设立了全国注册局，管理商标注册事务。南京国民政府先是沿用北洋政府的商标法，1930 年颁布了《中华民国商标法》《中华民国商标法实施细则》。该《商标法》在 1935 年、1938 年、1940 年进行多次修改。1949 年以后我国台湾地区一直沿用该法。

1949 年，新中国成立之后，对商标的法律调整经历了几个不同阶段：

1950 年颁布了《商标注册暂行条例》及《商标注册暂行条例施行细则》，条例简明扼要，施行全国商标统一注册制度，在全国范围内保护注册商标的专用权。

1957 年国务院发出《转发中央工商行政管理局〈关于实行商标全面注册的意见〉的通知》，决定实行商标全面注册。

1963 年颁布《商标管理条例》，商标实行全面注册原则，要求生产经营者使用的商标都要注册，没有注册的一律不能使用，即实行商标强制注册。该条例对注册商标的审定和公告程序进行了简化。同时，该条例的内容规定简单，突出对商标的管理工作，有明显的时代痕迹。

1982 年 8 月 23 日第五届全国人大常委会审议通过《中华人民共和国商标法》，该法于 1983 年 3 月 1 日生效。它是新中国制定的第一部保护知识产权的法律。《商标法》的颁布标志着我国商标法制度的逐步健全和完善。该《商标法》强调保护商标的专用权，同时也要求"商标使用人应当对其使用的商标的商品质量负责"，实行申请和使用在先相结合、自愿注册与强制注册相结合的注册制度。

1993 年《商标法》进行了第一次修订，主要修订之处是增加了保护服务商标和对不当注册商标撤销的规定，加强了对商标侵权行为的打击力度。修订后的《商标法》更好地贯彻了保护公平竞争、保护注册商标专用权的原则。

为了进一步加强对商标专用权的保护，适应中国加入世界贸易组织进程的需要，2001年全国人大常委会对《商标法》进行第二次修订。修订后的《商标法》扩大了商标权的主体，增加自然人可以作为主体申请注册商标；对立体标志作出规定；明确规定了驰名商标的认定和保护；增设了地理标志的保护；完善了商标权的取得和维持程序，禁止恶意抢注；强化了商标权的保护，增加了新的侵权行为类型。这是我国商标法律制度的一次重大完善。

2013 年 8 月 30 日第十二届全国人民代表大会常务委员会第四次会议三审通过了《关于修改〈中华人民共和国商标法〉的决定》，自 2014 年 5 月 1 日起施行。至此，《商标法》完成了第三次修订，我国的商标法律制度进一步完善。修改后的《商标法》与我国参加的商标国际公约的保护水平趋于一致。

实　训

【实训背景】　商标制度是保护创新成果的基础和保障，随着我国大众创业、万众创新事业蓬勃发展，供给侧结构性改革深入推进，"一带一路"等国家战略全面实施，商标品牌战略的重要性与日俱增。市场主体的商标品牌意识持续增强，希望将自主品牌做强、做大的意愿更加强烈。社会各界对商标保护工作日益关注。加强注册商标专用权保护、打击恶意注册，为商标权利人的合法权益，营造更加公平有序的市场竞争环境备受关注。

【实训任务】　结合所学知识，课后查阅相关材料，思考问题：商标制度的完善对于建设品牌强国有哪些重要意义？

教学与训练任务三　我国商标业务主管机关

一、商标局

商标局原是国家工商行政管理总局下属的一个司局级单位。2018 年 3 月十三届全国人大一次会议审议通过国务院机构改革方案，不再保留国家工商行政管理总局，重新组建了国家知识产权局，商标局隶属其下。改革后商标局的隶属关系有所改变，但主要职能没有发生大的变化。

商标局具体负责全国商标注册和管理工作，依法保护商标专用权和查处商标侵权行为，处理商标争议事宜，加强驰名商标的认定和保护工作，负责特殊标志、官方标志的登记、备案和保护，研究分析并依法发布商标注册信息，为政府决策和社会公众提供信息服务，实施商标战略等工作。

二、商标评审委员会

（一）主要职责

商标评审委员会（商评委）隶属国家知识产权局，是负责商标评审的专门行政执法机构，依法处理商标争议事宜，并依法作出裁决。其主要职责有：

（1）不服商标局决定向商评委提起的复审案件。

1）驳回复审。对商标局驳回的商标申请，应当事人请求进行复审。

2）不予注册复审。对商标局作出的不予注册裁定不服，应当事人请求复审。

3）商标撤销裁定复审。当事人对商标局做出的撤销或不予撤销注册商标决定不服，应当事人请求进行复审。

（2）直接向商评委提起的复审案件。注册商标的无效宣告申请分为两种类型：绝对无效程序和相对无效程序。

绝对无效程序，即违反了《商标法》第10条、第11条、第12条规定的，或者是以欺骗手段或者其他不正当手段取得注册的商标，任何人均可提出无效请求。商标局在审核过程中若发现有违法绝对无效条款，可以主动适用无效宣告程序。而其他单位或个人可以通过向商标评审委员提起宣告该注册商标无效。

相对无效程序，即已经注册的商标，违反《商标法》第13条第2款和第3款、第15条、第16条第1款、第30条、第31条、第32条的规定。只有在先权利人和利害关系人才可以向商标评审委员会提出无效请求。

（3）商标评审委员会的其他职责还包括：依法在不予注册复审及无效宣告申请案中认定驰名商标；依法参加商标评审案件的行政诉讼。

（二）评审方式

商标评审委员会审理商标评审案件实行书面审理，但依照实施条例第六十条规定决定进行口头审理的除外。口头审理的具体办法由商标评审委员会另行制定。商标评审委员会审理商标评审案件实行合议制度，由三名以上的单数商标评审人员组成合议组进行审理。合议组审理案件，实行少数服从多数的原则。

三、商标审查协作中心

国家知识产权局商标审查协作中心，前身为通达商标服务中心。原通达商标服务中心成立于1993年11月，主要承担商标流程服务工作。

商标审查协作中心下设综合部（党委办公室）、人力资源部、财务部、运行保障部、计算机部、质量管理部、商标收文服务部、商标发文及档案服务部、商标评审服务部、商标形式审查部、商标审查一至五部。

其主要职责包括：接受商标局委托，承担商标注册的部分程序性和服务性工作；接受商标评审委员会委托，承担商标评审的有关辅助性工作和服务性工作；承担总局交办的其他事项。

四、地方工商行政管理机关商标管理部门

地方工商行政管理机关商标管理部门的主要工作内容包括维护消费者的合法权益、打击假冒商标违法行为、为商标权人提供行政保护、为消费者提供维权途径。其执法案件类型主要包括：商标侵权及假冒案件、商标违法使用案件、非法印制或者买卖商标标识案件、商标使用许可违法案件、其他违反商标法律法规的案件。

实　训

【实训背景】《商标法实施条例》第 84 条规定"商标法所称商标代理机构，包括经工商行政管理部门登记从事商标代理业务的服务机构和从事商标代理业务的律师事务所。"

商标代理机构从事商标局、商标评审委员会主管的商标事宜代理业务的，应当向商标局备案。

2018 年 3 月 13 日十三届全国人大一次会议审议通过国务院机构改革方案。改革后组建国家市场监督管理总局，不再保留国家工商行政管理总局。此次改革重新组建国家知识产权局，将国家知识产权局的职能、国家工商行政管理总局的商标管理职能、国家质量监督检验检疫总局的原产地地理标志管理职责整合，重新组建国家知识产权局，由国家市场监督管理总局管理。另外，商标的执法职责交由市场监督综合执法队伍承担。

【实训任务】结合所学内容，登录商标局官网，筛选相关信息，了解商标业务主管机关以及其所承办的业务类型及业务范围。

综合项目二 商标注册申请法律事务

训练项目一 商标注册申请前事务

学习目标

(1) 了解判断近似商标的方法。
(2) 掌握商标注册原则。
(3) 熟悉商标注册申请条件。
(4) 熟悉商标申请岗位的主要工作内容。
(5) 掌握商标注册申请的业务技能。

教学与训练任务一 商标申请前事务

一、商品和服务项目分类

(一) 尼斯分类

尼斯联盟成员于 1957 年在法国南部城市尼斯签订《商标注册用商品和服务国际分类尼斯协定》(简称尼斯协定),该协定于 1961 年 4 月 8 日生效。我国于 1994 年 8 月加入尼斯联盟。

《尼斯协定》的宗旨是建立一个共同的商标注册用商品和服务国际分类体系,即《商标注册用商品和服务国际分类》(即尼斯分类)。现行尼斯分类将商品和服务分成 45 个大类,其中商品为 1~34 类,服务为 35~45 类,共包含 1000 多个商品和服务项目。不仅所有的尼斯联盟成员国都使用此分类,而且非尼斯联盟成员国也可以使用该分类,但是非成员国无权参与该分类表的修订。

这种分类方法为商标注册申请制度带来了便捷,保证了商标申请制度的有效实施,为实现商标的规范化管理提供了依据。

(二) 我国《类似商品和服务区分表》

商标局将尼斯分类的商品和服务项目划分类似群,并结合我国实际情况增加常用商品和服务项目名称,制定《类似商品和服务区分表》(以下简称《区分表》),为申请人申报商标注册时使用。尼斯分类每年修订一次,《区分表》随之予以调整。《区分表》中 45

个类别项下含有类别标题、注释、商品和服务项目名称。类别标题指出了归入本类的商品或服务项目范围；注释对本类主要包括及不包括哪些商品或服务项目作了说明。《区分表》中所列出的商品和服务项目名称为标准名称。申请人应当依照提交申请时施行的《区分表》进行申报，既可以申报标准名称，也可以申报未列入《区分表》中的商品和服务项目名称。

《类似商品和服务区分表》可查网址：http：//sbj. saic. gov. cn/sbsq/。

商标申请注册时，必须指明具体的商品和服务名称。商品名称力求具体、准确、规范，以便明确指定该商标的保护范围。一般说来，每个商品在商品分类表中都会找到正规的对应名称，填写注册申请时应使用规范名称。使用不规范名称会增加补正风险。

二、商品和服务项目选择

选择商品和服务类别的主要依据是《商标注册用该商品和服务国际分类的尼斯协定》和《类似商品和服务区分表》。尼斯分类和《区分表》每年都会修订调整，所列商品和服务项目的类别和名称可能会发生变化。申请人申请商标注册时，应当依照提交申请时施行的版本进行申报。

选择注册类别时应注意：

（1）申请人在申报商品或服务类别时，应严格按照《区分表》的类别填写。应避免使用含混不清、过于宽泛、不足以确定其所属类别或易产生误认的商品或服务项目名称。《商标法》第23条规定，注册商标需要在核定使用范围之外的商品上取得商标专用权的，应当另行提出注册申请。所以，申请人如果没有特殊情况，应当选择实际商品和服务所对应的类别进行注册。需要在核定使用范围之外的商品上取得商标专用权的，应当另行提出注册申请。

（2）商品和服务项目的具体名称是指《区分表》中六位代码之前的具体名称，不可填写类别号、类别标题、类别注释、类似群号、类似群名称、六位代码号，如图2-1所示。

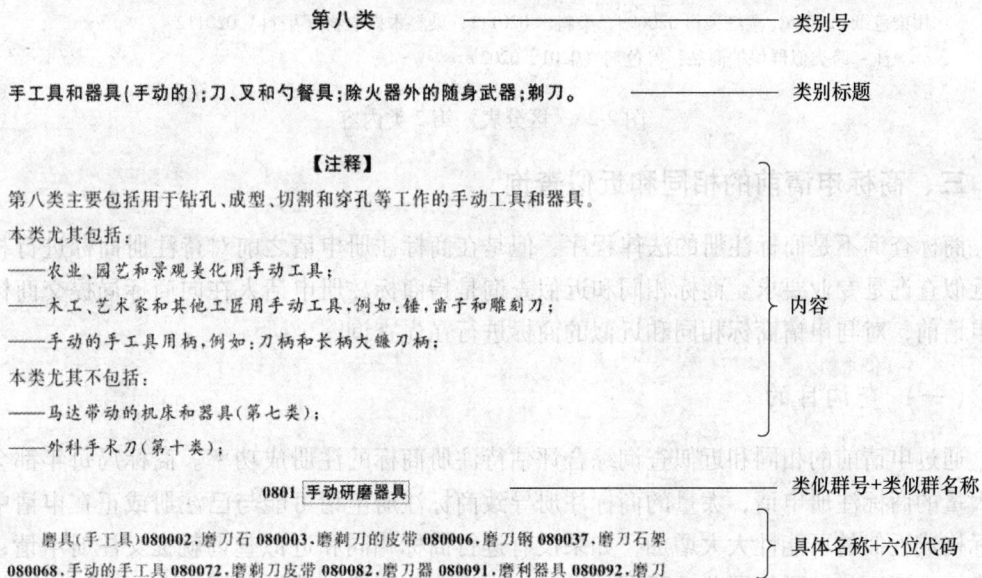

图2-1　《区分表》内容名称示例

（3）申报的商品和服务项目名称应符合国家通用语言文字法、标点符号用法及社会公众语言习惯，应使用规范简体汉字表述，不得出现错别字和繁体字。

（4）申请人可附送对该商品或服务项目的说明。该说明材料仅为对商品或服务项目的补充解释说明，并非商品或服务项目名称组成部分。即使申请人附送了对商品或服务项目的说明材料，该商品或服务项目名称本身也应符合上述所有申报要求。

（三）同类别项下的群组防御性保护策略

在选定商标待使用的商品或服务项目时，因为每个类别下有多个群组，所以应在同类别多群组范围下考虑项目的填报。因为根据审查标准同一类别下的每个群组不构成类似，但是既然均划到同一类别中，可以理解这些服务在某种程度上从消费者的理解角度可能会有些交叉。所以，在选择商标项目时，若项目仅是一个群组内的小项，未涉及同类下的全部群组时，不能形成商标的防御性保护策略。申请人应考虑在本类内进行多群组的覆盖，在余下的群组中选一个"典型"项目进行防御性保护，防止商标被淡化。只要申请项目在10个项目以内官费都是800元。

例如，某涂料公司在2类仅仅申请了0201群组下的四个项目（020002，020027，020028，020041等），如图2-2所示，那么该公司的这个商标在第2类的保护是存在缺陷的。因为，第2类划分了0201～0207共7个群组。因此，在这种情况下，建议在0202～0207中选择一个商品内容相近的小项也进行注册，形成防御性保护。

0201 染料，媒染剂（不包括食用）

媒染剂 * 020002，茜素染料 020006，木材媒染剂 020027，木材染色剂 020028，鞋染料 020041，染色剂 020047，着色剂 * 020047，苯胺染料 020052，制革用媒染剂 020057，皮革染色剂 020057，染料 * 020058，姜黄（染料）020060，黄桑（染料）020074，靛青（染料）020086，复活节彩蛋用染色纸 020096，藏红染料 020099，染料木 020111，染料木提取物（染料）020112
注：跨类似群保护商品：着色剂（0201，0202）。

图 2-2 《区分表》第 2 类内容

三、商标申请前的相同和近似查询

商标查询不是商标注册的法律程序，但是在商标注册申请之前对待注册商标进行相同和近似查询是专业要求。商标相同和近似查询是指商标注册申请人在向商标局提交商标注册申请前，对与申请商标相同和近似的商标进行在先查询。

（一）查询目的

通过申请前的相同和近似查询综合评估待注册商标的注册成功率。商标局每年都会受理大量的商标注册申请，大量的商标注册导致商标注册申请可能与已注册或正在申请中的商标构成近似的可能性大大增加，如果没有进行商标相同和近似查询就提交注册申请，那么商标申请面临着可能因此被驳回的风险。如果商标注册申请被驳回，申请人一方面损失商标注册费，另一方面重新申请注册商标还需要时间，而且再次申请能否被核准仍然处于未知状态，耗时耗利。因此，申请人在申请注册商标之前应进行商标相同和近似查询，了解在先权利情况，根据查询结果调整申请的商标以减少不必要的损失。

（二）查询途径

商标查询前，要确定待查询商标以及查询类别。按照注册商标所核定使用的商品和服务项目，首先明确该内容属于最新版《类似商品和服务区分表》的哪一个类别。另外需要注意的是，查询商标有一定的滞后性，数据信息并非实时更新，只有经过形式审查的申请商标才能进入公开的商标数据库中，在形式审查中（2个月）的商标信息因未正式进入商标数据库，任何人都查询不到，这是检索风险。目前商标查询有两种方式：

（1）付费查询。付费查询是向商标局提交查询申请并付费请求查询，等待商标局受理申请后将查询结果书面告知申请人。此种方法需要付费，但查询结果精确。一般可通过委托在商标局备案的商标代理机构进行查询。

（2）免费查询。免费查询即通过商标局在线查询系统自行查询。这是最普遍易行的方法。申请人根据自己拟申请的商标内容，进入商标局官网的商标查询页面，依次进行近似查询或综合查询，查看与拟申请商标是否有相同或近似的商标以及该商标的效力状态等，作出注册成功几率的判断。这种查询方式只能获得简单的检索结果，尤其是图像商标的查询，需要对图像要素有准确的把握以及专业的知识加以判断，才能得出可靠的分析结果。

四、商标相同和近似审查

《最高人民法院关于审理商标民事纠纷案件适用法律若干问题的解释》第10条规定，认定商标相同或者近似按照以下原则进行：以相关公众的一般注意力为标准；既要进行对商标的整体比对，又要进行对商标主要部分的比对，比对应当在比对对象隔离的状态下分别进行；判断商标是否近似，应当考虑请求保护注册商标的显著性和知名度。

（一）商标相同

《最高人民法院关于审理商标民事纠纷案件适用法律若干问题的解释》第9条规定，《商标法》第52条第1项规定的商标相同，是指被控侵权的商标与原告的注册商标相比较，二者在视觉上基本无差别。根据新修订《商标审查及审理标准》第三部分的内容，商标相同的审查包括文字商标的相同、图形商标的相同以及组合商标的相同。

（1）文字商标相同。文字商标相同（见图2-3）是指商标使用的语种相同，且文字构成、排列顺序完全相同，易使相关公众对商品或者服务的来源产生误认。字体、字母大小写或者文字排列方式有横排与竖排之分或者设计不同使两商标存在细微差别的，仍判定为相同商标。

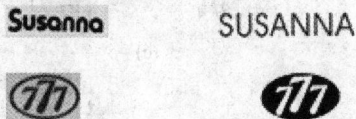

图 2-3 文字商标相同

（2）图形商标相同。图形商标相同是指商标图形在视觉上基本无差别，易使相关公众对商品或者服务的来源产生混淆误认。

（3）组合商标相同。组合商标相同是指商标的文字构成、图形外观及其排列组合方式相同，使商标在呼叫和整体视觉上基本无差别，易使相关公众对商品或者服务的来源产生混淆。

(二) 文字商标近似

《最高人民法院关于审理商标民事纠纷案件适用法律若干问题的解释》第 9 条第 2 款规定《商标法》第 52 条第 1 项规定的商标近似，是指被控侵权的商标与原告的注册商标相比较，其文字的字形、读音、含义或者图形的构图及颜色，或者其各要素组合后的整体结构相似，或者其立体形状、颜色组合近似，易使相关公众对商品的来源产生误认或者认为其来源与原告注册商标的商品有特定的联系。

1. 文字商标判定为近似商标的情况

（1）中文商标的汉字构成相同，仅字体或设计、注音、排列顺序不同，易使相关公众对商品或者服务的来源产生混淆的，判定为近似商标（见图 2-4a）。

（2）商标文字由字、词重叠而成，易使相关公众对商品或者服务的来源产生混淆的，判定为近似商标，例如"星"与"星星"。

（3）中文商标由三个或者三个以上汉字构成，仅个别汉字不同，整体无含义或者含义无明显区别，易使相关公众对商品或者服务的来源产生混淆的，判定为近似商标，例如"格尔哥特"与"格尔哥斯"。

（4）商标文字读音相同或者近似，且字形或者整体外观近似，易使相关公众对商品或者服务的来源产生混淆的，判定为近似商标（见图 2-4b）。

但商标含义、字形或者整体外观区别明显，不易使相关公众对商品或者服务的来源产生混淆的，不判为近似商标，例如"好哥"与"好歌"、"幸运数"与"幸运树"。

（5）商标文字构成、读音不同，但商标字形近似，易使相关公众对商品或者服务的来源产生混淆的，判定为近似商标（见图 2-4c）。

（6）商标文字构成、读音不同，但含义相同或近似，易使相关公众对商品或者服务的来源产生混淆的，判定为近似商标（见图 2-4d）。

（7）商标由相同外文、字母或数字构成，仅字体或设计不同，易使相关公众对商品或者服务的来源产生混淆的，判定为近似商标（见图 2-4e）。

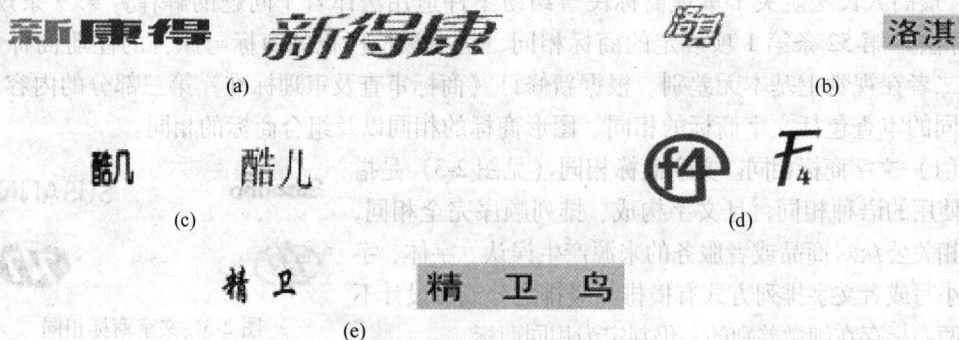

图 2-4 近似文字商标

2. 文字商标不判定为近似商标的情况

（1）商标由一个或两个非普通字体的外文字母构成，无含义且字形明显不同，使商标整体区别明显，不易使相关公众对商品或者服务的来源产生混淆的，不判定为近似商标。

（2）商标由三个或者三个以上外文字母构成，顺序不同，读音或者字形明显不同，无含义或者含义不同，使商标整体区别明显，不易使相关公众对商品或者服务的来源产生混淆的，不判定为近似商标。

（3）商标首字读音或者字形明显不同，或者整体含义不同，使商标整体区别明显，不易使相关公众对商品或者服务的来源产生混淆的，不判定为近似商标（见图2-5）。

图2-5 文字商标不判定近似类型

3. 外文商标判定为近似商标的情况

（1）外文商标由四个或者四个以上字母构成，仅个别字母不同，整体无含义或者含义无明显区别，易使相关公众对商品或者服务的来源产生混淆的，判定为近似商标（见图2-6）。

图2-6 外文商标近似类型

（2）商标由两个外文单词构成，仅单词顺序不同，含义无明显区别，易使相关公众对商品或者服务的来源产生混淆的，判定为近似商标。

（3）外文商标仅在形式上发生单复数、动名词、缩写、添加冠词、比较级或最高级、词性等变化，但表述的含义基本相同，易使相关公众对商品或者服务的来源产生混淆的，判定为近似商标。

4. 外文商标不判定为近似商标的情况

商标首字母发音及字形明显不同，或者整体含义不同，使商标整体区别明显，不易使相关公众对商品或者服务的来源产生混淆的不判为近似商标。

5. 文字显著部分近似

（1）显著部分+通用名称或型号。商标仅由他人在先商标及本商品的通用名称、型号组成，易使相关公众对商品或者服务的来源产生混淆的，判定为近似商标。例如，"通远"（指定使用服务：银行）与"通远金融"（指定使用服务：银行），其中显著部分"通远"的呼叫和文字均一样，所以判定两商标构成近似。

（2）显著部分+通用商品名称。商标仅由他人在先商标及直接表示商品的质量、主要原料、功能、用途、重量、数量及其他特点的文字组成，易使相关公众对商品或者服务的来源产生混淆的，判定为近似商标。例如，"碧清"（指定使用商品：酸奶）与"碧清香"（指定使用商品：酸奶），其中显著部分"碧清"的呼叫和文字均一样，所以判定两商标构成近似。

（3）显著部分+生产销售场所。商标仅由他人在先商标及某些表示商品生产、销售或使用场所的文字组成，易使相关公众对商品或者服务的来源产生混淆的，判定为近似商标。例如，"金鼎"与"金鼎楼"，其中显著部分"金鼎"的呼叫和文字均一样，所以判定两商标构成近似。

（4）修饰词+显著部分。商标仅由他人在先商标及起修饰作用的形容词或者副词以及其他在商标中显著性较弱的文字组成，所表述的含义基本相同，易使相关公众对商品或者服务的来源产生混淆的，判定为近似商标。例如，"吉奥"与"新吉奥"，后一商标只是加上了一个形容词"新",与前一商标没有产生实质性的含义区别,且其中显著部分"吉奥"的呼叫和文字均一样,所以判定两商标构成近似。

但商标含义或者整体区别明显,不易使相关公众对商品或者服务的来源产生混淆误认的,不判为近似商标。例如,"王子"与"聪明小王子"。后一商标加入修饰词"聪明","小"之后,使得这两个商标的含义产生明显的不同,不易造成混淆,所以不构成近似商标。

(5) 独立词构+显著部分。两商标或者其中之一由两个或者两个以上相对独立的部分构成,其中显著部分近似,易使相关公众对商品或者服务的来源产生混淆的,判定为近似商标。例如,"精彩生活爱丽丝"与"爱丽丝"。前一商标由"精彩生活"+"爱丽丝"组成,其中显著部分"爱丽丝"与后一商标呼叫和文字均一样,所以判定构成商标近似。

但商标整体含义区别明显,不易使相关公众对商品或者服务的来源产生混淆的,不判为近似商标。例如,"E眼"与"QQ眼"不判为近似商标。

(6) 显著部分是他人已使用或知名商标。商标完整地包含他人在先具有一定知名度或者显著性较强的文字商标,易使相关公众认为属于系列商标而对商品或者服务的来源产生混淆的,判定为近似商标。例如,"月圆三千里"(指定服务:饭店)与"三千里"(指定服务:饭店),"三千里"作为他人已使用或具有一定显著性的商标,被完整地包含在"月圆三千里"商标中,应判定为近似商标。

6. 显著部分的文字和拼音近似

商标包含汉字及其对应拼音,与含单独相同拼音的商标,易使相关公众对商品或者服务的来源产生混淆的,判定为近似商标。例如图 2-7 (a) 所示商标显著部分的文字加拼音"星辰 XINGCHEN"和图 2-7 (b) 所示商标的拼音"XINGCHEN"呼叫一致,应判定为近似商标。

图 2-7 显著部分的文字和拼音近似

(三) 图形商标近似判定

(1) 商标图形的构图和整体外观近似,易使相关公众对商品或者服务的来源产生混淆的,判定为近似商标(见图 2-8a)。

(指定使用商品:服装)　(指定使用商品:服装)

图 2-8 近似图形商标

(2) 商标完整地包含他人在先具有一定知名度或者显著性较强的图形商标,易使相关公众认为属于系列商标而对商品或者服务的来源产生混淆的,判定为近似商标(见图 2-8b)。

（四）组合商标的近似判定

（1）商标汉字部分相同或近似，易使相关公众对商品或者服务的来源产生混淆的，判定为近似商标（见图 2-9a）。

（2）商标外文、字母、数字部分相同或近似，易使相关公众对商品或者服务的来源产生混淆的，判定为近似商标（见图 2-9b）。

但如果商标整体呼叫、含义或者外观区别明显，不易使相关公众对商品或者服务的来源产生混淆的，不判为近似商标（见图 2-10a）。

（3）文字含义相同，商标的中文与其他不同语种文字的主要含义相同或基本相同，易使相关公众对商品或者服务的来源产生混淆的，判定为近似商标（见图 2-9c）。

但商标整体构成、呼叫或者外观区别明显，不易使相关公众对商品或者服务的来源产生混淆的，不判为近似商标（见图 2-10b）。

（4）商标图形部分近似，易使相关公众对商品或者服务的来源产生混淆的，判定为近似商标（见图 2-9d）。

但如果图形为本商品常用图案，或者主要起装饰、背景作用而在商标中显著性较弱，商标整体含义、呼叫或者外观区别明显，不易使相关公众对商品或者服务的来源产生混淆的，不判为近似商标（见图 2-10c）。

（5）商标文字、图形不同，但排列组合方式或者整体描述的事物基本相同，使商标整体外观或者含义近似，易使相关公众对商品或者服务的来源产生混淆的，判定为近似商标（见图 2-9e）。

(a)　　　　　　　　　　　　　　　　(b)

(c)　　　　　　　　(d)　　　　　　　　(e)

图 2-9　近似商标

(a)　　　　　　　　(b)　　　　　　　　(c)

图 2-10　不判为近似商标

（五）立体商标的相同和近似判定

立体商标的相同、近似审查包括立体商标之间、立体商标与平面商标之间的相同、近似审查。

1. 立体商标之间相同、近似的审查

（1）两立体商标都包含有显著三维标志，且三维标志相同或近似，易使相关公众对商品或者服务的来源产生混淆误认的，判定为相同或者近似商标。

（2）两立体商标均包含有显著平面要素，且该平面要素相同或近似，易使相关公众对商品或者服务的来源产生混淆误认的，判定为相同或者近似商标。

（3）两商标均由不具有显著特征的三维标志和具有显著特征的其他平面要素组合而成，而具有显著特征的其他平面要素相同或近似，易使相关公众对商品或者服务的来源产生混淆误认的，判定为相同或者近似商标。

但具有显著特征的其他平面要素区别明显，不会使相关公众对商品或者服务的来源产生误认的除外。

2. 立体商标与平面商标相同、近似的审查

（1）立体商标由不具有显著特征的三维标志与具有显著特征的其他平面要素组合而成，该其他平面要素与平面商标具有显著特征的部分相同或者近似，易使相关公众对商品或者服务的来源产生混淆误认的，判定为相同或者近似商标。

（2）立体商标由具有显著特征的三维标志与具有显著特征的其他平面要素组合而成，该其他平面要素与平面商标具有显著特征的部分相同或者近似，易使相关公众对商品或者服务的来源产生混淆误认的，判定为相同或者近似商标。

（3）立体商标中的三维标志具有显著特征，但在视觉效果上与平面商标具有显著特征的部分相同或近似，易使相关公众对商品或者服务的来源产生混淆误认的，判定为相同或者近似商标。

（六）颜色组合商标的近似判定

颜色组合商标的相同、近似审查包括颜色组合商标之间和颜色组合商标与平面商标、立体商标之间的相同、近似审查。

1. 颜色组合商标之间相同、近似的审查

两商标均为颜色组合商标，当其组合的颜色和排列的方式相同或近似，易使相关公众对商品或者服务的来源产生混淆误认的，判定为相同或者近似商标。

但商标所使用的颜色不同，或者虽然使用的颜色相同或者近似但排列组合方式不同，不会使相关公众对商品或者服务的来源产生混淆误认的除外。

2. 颜色组合商标与平面商标、立体商标相同、近似的审查

颜色组合商标与平面商标的图形或立体商标指定颜色相同或近似，易使相关公众对商品或者服务的来源产生混淆误认的，判定为相同或者近似商标。

虽然使用的颜色相同或近似，但由于整体效果差别较大，不会使相关公众对商品或者

服务的来源产生混淆误认的除外。

（七）声音商标相同和近似判定

声音商标的相同、近似审查包括声音商标之间、声音商标与可视性商标之间的相同、近似审查。原则上，声音商标以听取声音样本为主进行相同、近似审查。

1. 声音商标之间相同、近似审查

两声音商标的听觉感知或整体音乐形象相同或近似，易使相关公众对商品或服务来源产生混淆误认，或者认为二者之间存在特定联系的，判定为相同或者近似商标。

2. 声音商标与可视性商标相同、近似审查

声音商标中语音对应的文字或其他要素，与可视性商标中含有的文字或其他要素读音相同或近似，易使相关公众对商品或服务来源产生混淆误认，或者认为二者之间存在特定联系的，判为相同或近似商标。例如，"yahoo"声音商标与"yahoo"文字商标构成近似商标。

五、商品和服务类似判定

（一）类似商品和服务的法律依据

《最高人民法院关于审理商标民事纠纷案件适用法律若干问题的解释》第11条规定，《商标法》第52条第1项规定的类似商品，是指在功能、用途、生产部门、销售渠道、消费对象等方面相同，或者相关公众一般认为其存在特定联系、容易造成混淆的商品。类似服务是指服务的目的、内容、方式、对象等方面相同，或者相关公众一般认为存在特定联系、容易造成混淆的服务。商品与服务类似，是指商品和服务之间存在特定联系，容易使相关公众混淆。

第12条规定，人民法院依据《商标法》第52条第1项的规定，认定商品或者服务是否类似，应当以相关公众对商品或者服务的一般认识综合判断；《商标注册用商品和服务国际分类表》《类似商品和服务区分表》可以作为判断类似商品或者服务的参考。

商品和服务类似的判定标准为：

（1）一个类似群内的商品和服务项目原则上是类似商品和服务。

（2）若该类似群内的商品和服务项目并不全部判为类似，则按照类似关系将商品和服务项目分为若干部分，用中文（一）、（二）……表示，同一部分的商品和服务项目原则上判为类似，不同部分间的商品和服务项目原则上不判为类似。

（二）类似商品和服务的交叉检索

由于《类似商品和服务区分表》几经修订以及其他历史原因，商标数据库中一些商品和服务的类似群号与现行的《类似商品和服务区分表》类似群号不相符。审查时应删除类似群再进行审查，以免漏查、错查。

　　类似的商品和服务项目主要可分为本类别和跨类别类似，如图 2-11 所示，所以在检索时应交叉检索明细。

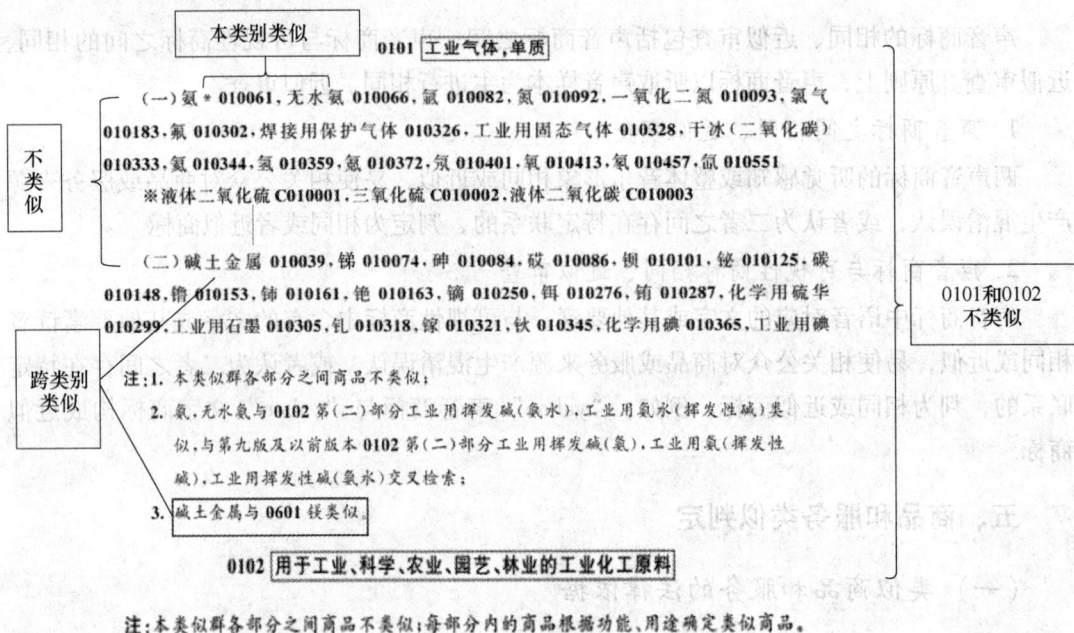

图 2-11　商品和服务类似判定

实　训

　　【实训背景】　在申请商标注册时，申请人应着重把握规律，考虑自身实际情况，认真申报商品和服务项目名称。

　　（1）概括性词语及表意不清的词语不宜出现在商品和服务项目名称中。

　　（2）不宜使用含有广告宣传、过度修饰、扩大渲染等描述性词语。商品和服务项目名称中可出现说明商品的功能、用途、所用原料、成分、销售渠道、消费对象，或者服务的目的、内容、方式、对象等方面的描述性词语。但此种描述应是对商品或服务项目的客观说明，可为限制性或具体化描述。

　　（3）外文音译为中文。商品和服务项目名称中含有外文音译为中文的，如外文音译为中文的接受程度低或使用范围较小，或不是外文的规范中文名称，则不宜申报。例如"维他命制剂"，虽然"维他命"为英文 vitamin 的音译，但已有对应规范中文名称"维生素"，故应申报"维生素制剂"。

　　（4）含有外文字母。商品和服务项目名称应使用规范简体汉字申报，外文字母不宜出现在商品和服务项目名称中。一般来说，中文指代含义明确且集中、使用频率很高、使用范围广泛的英文缩写可以申报，如《区分表》中已有的 CD、DVD、LED、DNA 等。如申报的外文字母组合中文含义不明、有两个或两个以上中文指代含义、使用频率低、使用范围狭窄，为不规范名称。

（5）商品和服务项目名称一般不宜出现地名、"原产地"、"产自于"类词语。例如"意大利原产地的啤酒"为不规范名称。

（6）含有民族宗教用语。商品和服务项目名称中含有民族宗教用语的，应慎重申报。例如，"清真"一词，具有特定民族宗教含义。为尊重民族宗教习惯，避免混淆误认，在申报具体商品和服务项目名称时应慎重考虑。

（7）地区性较强的名称。某一地区对特定商品的特殊表述，不宜出现在商品和服务项目名称中。例如"细露面"，此种说法地域性强，非国内一般消费者或公众普遍了解的说法，适用性不够广泛，为不规范名称。

（8）商品和服务项目名称一般不宜出现逗号、句号，可以使用括号，且名词后缀的括号内容可含有逗号。

【实训任务1】 在《类似商品和服务区分表》中查询以下商品或服务的类别：电动防雾霾口罩、电话出租、垃圾回收、动力平衡车、老王照相馆。

【实训任务2】 结合综合项目一内容，根据商标的使用对象及功能，在实务操作中商标可划分为三大类别：普通商标、集体商标和证明商标。请根据《商标法》第3条第1款完成表2-1（举例商标，并查询其相关信息）。

表2-1 商标分类

商标类别	普通商标	集体商标	证明商标
申请主体			
商标示例	商标： 类别： 注册号： 注册人：	商标： 类别： 注册号： 注册人：	商标： 类别：

【实训任务3】 判断表2-2中商标是否近似，并指出判断依据。

表2-2 商标的判断

商标1	商标2	商标1	商标2
迪按	按迪	GOODBOOK	BOOKGOOD
新康德	新德康	BALLBAN	BALLBANY
菲利多斯	菲利多期	RELGAM	SELGAM
迷尔派斯	舒尔派斯	BIGFOOT	BITFEET
		TAIYAN	太阳
ARNEGI	AIGNER	APPLE	苹果
ABC	CAB	3506	三五零六
VICI	VICI VICI	123	onetwothree
双安	双安服饰		

【实训任务4】　查询商标"朗峰茶业"在 30 类和 31 类中的注册情况，是否有在先权利商标与所查商标相同近似或相同的商标，并完成表 2-3。

表 2-3　商标在先权利信息查询

注册号	商标	相同或近似的商品	群组

教学与训练任务二　商标的注册申请条件 ﹥﹥﹥

一、商标权取得的法律原则

商标注册是指商标申请人按照商标法规定，将已经使用或准备使用的商标向商标局提出申请，经过商标局的审查核准，予以注册登记的程序。商标注册原则是在遵循商标法基本原则的前提下，申请商标注册过程中适用的具体原则。

（一）自愿注册原则

我国在商标权的取得上采取注册原则，即取得商标权的途径是向商标局申请注册，注册是产生商标权的唯一途径。我国实行商标权注册取得制度，但是否申请注册采取自愿注册原则，即是指商标使用人根据需要，自行决定是否申请商标注册。

与自愿注册原则相对应的是强制注册原则。我国现行商标法将强制注册原则作为自愿注册原则的例外，对涉及人体生命健康的商品实行强制注册。《商标法》第 6 条规定："法律、行政法规规定必须使用注册商标的商品，必须申请商标注册，未经核准注册的，不得在市场销售。目前我国强制注册的商品有烟草及药品等关系人类健康的制品。

（二）申请在先原则

申请在先原则是指以申请日期为依据，受理在先申请人的商标注册申请，驳回在后申请人的申请。

（1）申请日期的确定。以商标局收到申请文件的日期为准。即使是邮寄的，也不是以邮戳的寄出日为准，这不同于专利法中对专利申请日的确定。

（2）使用在先的确定。针对同一天申请的，初步审定并公告使用在先的商标。

《商标法实施条例》第 19 条规定"两个或者两个以上的申请人，在同一种商品或者类似商品上，分别以相同或者近似的商标在同一天申请注册的，各申请人应当自收到商标局通知之日起 30 日内提交其申请注册前在先使用该商标的证据。"

二、商标申请的主体

我国《商标法》第 4 条规定，自然人、法人或者其他组织对其生产、制造、加工、拣选或者经销的商品，需要取得商标专用权的，应当向商标局申请商品商标注册。可见，商标注册的主体即申请人包括以下几类：

　　（1）自然人。《商标法》规定，自然人在我国可申请注册商标，而不必具有从事生产经营的资格。《商标法实施条例》第 14 条第 1 款规定："申请商标注册的，申请人应当提交其身份证明文件。商标注册申请人的名义与所提交的证明文件应当一致。"

　　（2）法人。法人是指具有民事权利能力和民事行为能力，依法独立享有民事权利和承担民事义务的组织，包含中国法人和外国法人。申请注册商标的法人组织在我国主要包括企业法人、机关法人、事业单位法人、社会团体法人等。

　　（3）其他组织。其他组织是指合法成立，但不具备法人资格，具有一定组织机构和财产的组织，具体包括私营独资企业、合伙组织、合伙型联营企业、中外合作经营企业、社会团体、依法设立并领取营业执照的法人和分支机构等，如经民政部门核准登记领取社会团体登记证的社会团体、法人依法设立并领取营业执照的分支机构、银行保险公司设计的分支机构等。

　　（4）共同申请人。《商标法》第 5 条规定："两个以上的自然人、法人或者其他组织可以共同向商标局申请注册同一商标，共同享有和行使该商标的专有权。"

　　《商标法实施条例》第 16 条规定："共同申请注册一商标的，应当在申请书中指定一个代表人；没有指定代表人的，以申请书中顺序排列的第一人为代表人。"

　　共同申请人中可以全部是国内申请人或全部为国外申请人，也可以既有国内申请人也有国外申请人；可以全部是自然人或全部为企业或其他组织，也可以既有自然人也有企业或其他组织。

　　（5）外国人或者外国企业。《商标法》第 17 条规定："外国人或者外国企业在中国申请商标注册的，应当按其所属国和中华人民共和国签订的协议或者共同参加的国际条约办理，或者按对等原则办理。"

三、商标申请的优先权

（一）优先权的概念

　　优先权是指《保护工业产权巴黎公约》成员国的国民，向一个缔约国首先提出申请后，可以在一定期限内，向所有其他缔约国申请保护，并以第一次申请的日期作为其在后提出申请的日期。申请人第一次提出申请的日期为优先权日。商标申请的优先权期限为 6 个月。

　　优先权是《保护工业产权巴黎公约》的一项重要原则，它主要体现在对工业产权保护的申请程序有特别的规定。即申请人在一国第一次提出申请后，根据自己的经营情况，有充分的时间考虑是否还需要在公约的其他成员国进行申请，因为在这段时间内，他人不能再以相同的内容在他国申请，即使有人申请，也会因优先权原则而将其排除在外。这样，就有利于保护第一次提出申请的人行使权利。

（二）优先权的规定及其条件

　　我国在 1985 年加入了《保护工业产权巴黎公约》。2001 年修改后的《商标法》增加了商标申请的优先权的内容。2013 年修订的《商标法》第 25 条规定："商标注册申请人自其商标在外国第一次提出商标注册申请之日起六个月内，又在中国就相同商品以同一商标提出商标注册申请的，依照该外国同中国签订的协议或者共同参加的国际条约，或者按照相互承认优先权的原则，可以享有优先权。依照前款要求优先权的，应当在提出商标注册申请的时候提出书面声明，并且在三个月内提交第一次提出的商标注册申请文件的副本；未提出书面声明或者逾期未提交商标注册申请文件副本的，视为未要求优先权。"

根据《商标法》的规定，要求商标优先权应当具备实质要件和形式要件。

（1）实质要件。

1）要在规定的优先权期限内提出，即在外国第一次提出商标注册申请之日起 6 个月内。

2）必须是同一商标使用在相同商品上。

3）只有申请国是《巴黎公约》成员国或者同中国签订双边协议或按照互惠原则，才能申请优先权。

（2）形式要件。

1）向中国提出商标注册申请的时候要提供书面声明。

2）要在 3 个月内提交第一次提出的商标注册申请文件的副本。副本应当经受理该申请的商标主管机关证明，并注明申请日期和申请号。

（三）国际展会的要求优先权声明

首先，提出优先权的时间不能超过法定时限：商标注册申请人自其商标在外国第一次提出商标注册申请之日起六个月内。商标在中国政府主办的或者承认的国际展览会展出的商品上首次使用，在中国就相同商品以同一商标提出商标注册申请。

其次，提出优先权要有一定的依据，依照该外国同中国签订的协议或者共同参加的国际条约，或者按照相互承认优先权的原则，可以享有优先权。

最后，提出优先权时应当提交相应的支撑和证明材料。

在商标注册申请时，申请人提出国际会展优先权的，应当按以下要求进行商标注册申请书的填写和申报：

（1）申请人依据《商标法》第 25 条要求优先权的，选择"基于第一次申请的优先权"，并填写"申请/展出国家/地区"、"申请/展出日期"、"申请号"栏。

（2）申请人依据《商标法》第 26 条要求优先权的，选择"基于展会的优先权"，并填写"申请/展出国家/地区"、"申请/展出日期"栏。

（3）申请人应当同时提交优先权证明文件（包括原件和中文译文）。优先权证明文件不能同时提交的，应当选择"优先权证明文件后补"，并自申请日起三个月内提交。未提出书面声明或者逾期未提交优先权证明文件的，视为未要求优先权。

（4）优先权证明文件是指申请人提交的第一次提出商标注册申请文件的副本，该副本应当经受理该申请的商标主管机关证明，并注明申请日期和申请号。申请人应当提交的优先权证明文件包括：首次/基础商标注册申请文件的副本（经该国官方证明）及中文翻译；首次展会展出商品上使用该商标的证据及中文翻译。

四、商标注册申请条件

根据《商标法》的规定，申请注册的商标必须具备以下条件，才能获得核准。

（一）符合法定的构成要素

在商标的类型章节，我们已对商标的构成要素有所了解，即我国商标的法定构成要素包括文字、图形、字母、数字、三维标志、颜色组合和声音等。《商标法》第8条规定："任何能够将自然人、法人或者其他组织的商品与他人的商品区别开的标志，包括文字、图形、字母、数字、三维标志、颜色组合和声音等，以及上述要素的组合，均可以作为商标申请注册。"

（二）不得违反禁用条款

我国《商标法》第10条至12条明确规定了不得作为商标注册的标志，这些规定也就是商标注册不得违反的绝对禁止性理由。

下列元素，包括文字、图形，都是禁止在任何类型的商标中使用的：

（1）中华人民共和国的国名、国号（包括简称"中国""中华"），以及国家机关的名称、简称（如"外交部""卫计委""最高法院""交通部"等），包括中央国家机关所在地、约定俗成的国家象征（如"人民英雄纪念碑""华表"），除非有国家机关的特别批准，都是禁止作为商标使用的。当然，有些老字号已经存在多年，如"中华铅笔"，属于历史遗留问题，依然可以继续使用。

（2）我国的国徽、国旗、军徽、军旗、党徽、党旗、警徽、团徽、人民法院的"天平"、人民检察院的"中国检察"等有法定适用范围的徽章、旗帜、标识，禁止作为商标或商标的一部分使用。

（3）与"红十字""红新月""红水晶"等国际人道组织相似的图案，禁止作为商标使用。但是，"红十字"本身是一个注册商标，商标权人为中国红十字会，有专门的法规规定其使用范围。

（4）著名的国际组织的名称（包括英文名、中文名及其简称）、徽标，禁止作为商标使用，但经该组织同意的，可以使用。例如，"联合国""世贸组织""WTO"都不可以作为商标使用。

（5）奥林匹克标志（即我们熟悉的"奥运五环"），未经国际奥委会或中国奥委会批准的，禁止作为商标或商标的一部分使用。

（6）商标的内容（包括文字、图形以及两者的组合），不得有违法律和社会主义道德风尚，不得带有民族歧视色彩；特定的宗教标志，不得作为商标使用。比如，通常不允许用全裸人体的照片作为商标，也不得使用恐怖组织、邪教组织的口号、标识作为商标。类似的，不雅词汇也不可以作为商标使用。

（7）县级、县级以上的地名、知名景点的名字，以及为公众所熟悉的外国地名，不得作为商标或商标的一部分使用。但是，如果这个地名属于集体商标、证明商标，则不受限制。例如，"绍兴黄酒""都匀毛尖"都是证明产品的产地的证明商标，是可以使用的。有些老字号已经存在多年，如"上海牌"墨水、"沙市日化"等，是在商标法规定之前注册的，依然有效。

（8）人民解放军、武装警察、警察、消防队的名称、简称，包括形象，都不可以作为商标。例如，"持枪站岗军人"的形象、人民警察的卡通形象都不可以使用。但是，经过上述机构的中央机关批准使用的除外。

上述这些规定，主要是为了维护社会秩序，避免故意注册此类商标，使得普通群众产生混淆，以为商品是由上述国家机关、国际组织认可的。这些规定，基本都是没有商量余地的，必须绝对避免。

（三）商标应具有显著性

显著性又称为识别性和区别性。因为商标是区分商品或服务来源的标志，所以必须具有显著性，这也是商标所承载的功能所要求的。一个显著性强的商标称为强商标，反之为弱商标。但是商标通过使用后也会出现强商标弱化，或是弱商标变强的情况。所以商标的显著性贯穿了商标权的产生、终止和保护的整个过程。

首先，使用本商品的通用名称、图形、型号作为商标的一般不允许注册。例如，"机械"两个字，就不能作为挖掘机上使用的商标；"苹果"的照片，就不能作为食用苹果的商标。类似的，"碗面"牌方便面、"六分"牌水管、"扳手"牌扳手、"触感"牌绘画板、"42寸"平板电视机、"18K"金首饰，实际操作都是不允许的。如果允许这类商标获得注册，那么对于同类产品的生产者而言，简直是无所适从。比如，假设允许"U盘"二字作为商标并用在移动储存设备上，难道以后其他的厂家，都不能把自己生产的这种储存设备称为"U盘"了吗？这显然是不公平的。

其次，就是直接标识、宣传商品的质量、原料、功能的词语也不允许作为商标注册。例如，申请把"永不磨损"作为注册商标，用在厨房用的刀具上；把"不差一秒"作为注册商标，用在钟表上，都是涉嫌宣传了产品的性能，因而是不允许的。而"大豆"牌食用油、"糯米"牌粽子，是将产品的主要原料作为商标，妨碍了其他同类产品的正当生产和销售，因此也不能作为注册商标。当然，这个原则在实际操作中，往往会产生一定的争议，是允许有比较隐晦的擦边球存在的。比如，"好吃点"商标用于食品，"永固"商标用于锁具，都是现实中存在的例子。这些都是属于缺乏显著性的商标，即使擦边球获得注册，其实也是一个弱商标，很容易在使用中被淡化。

扩展阅读

费列罗巧克力立体商标案

一、案情简介

申请人费列罗有限公司的国际注册第783985号图形（三维标志）商标，在第30类巧克力等商品上的领土延伸保护申请被商标局驳回。

商标局驳回理由为，申请商标缺乏显著性，依据《中华人民共和国商标法》第11条第1款第2项、第3项的规定予以驳回。

费列罗公司不服商标局作出的驳回决定，于是向商标评审委员会提出复审申请。费列罗公司的复审理由为申请商标是由金黄色、栗色、白色和红色组成的独特的彩色包装形式。它由一块包在金黄色纸里的果仁糖的三维形状组成，上半部分里有一个白底椭圆形小标记，带有金边和红边，置于栗色和金黄色的底座上。申请商标并非食品行业的通用包装形式，可以起到区分产品来源的作用，具有显著性。

商标评审委员会经审理后认为，申请商标作为立体商标，仅有指定使用商品较为常用的包装形式，难以起到区分商品来源的作用，缺乏商标应有的显著特征，已构成《商标法》第11条第1款第3项所规定的情形。此外，至本案审理时，申请人未提交任何证据用以证明其通过广泛的宣传和使用已具有了识别功能。因此，申请商标在第30类巧克力等商品上的领土延伸保护申请予以驳回。

费列罗公司不服商标评审委员会作出的裁定，于是向人民法院提起了诉讼。

二、审理结果

法院在审理过程中提出，我国《商标法》第11条规定："缺乏显著特征的标志不得作为商标注册，但经过使用取得显著特征并便于识别的除外。"对于由三维标志或者含有其他标志的三维标志构成的立体商标而言，仅有指定使用商品通用或者常用的形状或者是其包装物的形状，不能起到区分商品来源作用的，应当被认为是缺乏显著特征的商标。费列罗公司申请的商标作为一个三维标志，由一个栗色和金黄色相间并带有波纹形状的底座和在底座上放置的具有皱褶状包装效果的金黄色球形三维形状组成。申请商标对于色彩和商品包装形式的选择均不在本行业和指定使用商品包装形式的常规选择范围之内，申请商标的独特创意已经使之成为了原告产品的一种标志性设计，消费者在看到申请商标后能够清楚地判断出该商标所附着商品的来源，申请商标已经具有了商标所应具备的显著性。因此，费列罗公司申请的商标应该在我国被作为注册商标予以保护，该商标的领土延伸保护申请亦应予以核准。

三、典型意义

费列罗公司申请保护的商标成为中国第一个通过司法程序予以确认的立体商标。

（四）商标应具有新颖性

《商标法》第32条规定，申请商标注册不得损害他人现有的在先权利，也不得以不正当手段抢先注册他人已经使用并有一定影响的商标。由于在先权利众多，商标局在审查的过程中通常不会主动依该条款一一进行审查。商标申请人在申请商标时应该保证商标的新颖性，通过前期查询和检索，避免与他人在先权利的冲突，以免后期使用过程再给自己带来一些不必要的麻烦。

实　训

【实训背景】　商标显著性之强弱及其区分意义

商标显著性强弱的区分理论源自美国。该理论根据商标固有显著性（识别性）的不同，将商标分为强商标和弱商标。

强商标包括三种，即臆造性商标、任意性商标和暗示性商标。以文字商标为例，所谓臆造性商标，是指构成商标的单词或者字母组合在词典上没有任何含义；所谓任意性商标，是指构成商标的单词或者单词组合在词典上有固定含义，但与其指定的商品或者服务无关；所谓暗示性商标，是指对其使用商品的性质或者质量具有影射或者暗示作用的商标。

弱商标的常见形态有描述性商标、地名商标和姓氏商标。所谓描述性商标，是指仅仅描述了其使用商品的功能、质量、成分等特点的商标。所谓地名商标，是指描述了商品产地或者服务提供场所的商标。姓氏商标就是以普通姓氏作为商标。

【实训任务】　辨析表 2-4 中的商标是否具有显著性，可否通过使用或变换注册类别获得显著性。

表 2-4　判断商标是否具有显著性

商品	商标	商品	商标	商品	商标
人参	高麗白 GAO LI BAI	磨具（手工具	MULLER	水果	🍎
胶	彩棉	服装	XXL	食用油	纯净 Chunjing
米	好香	调味品	柴鸡		

训练项目二　商标注册申请中事务

学习目标

（1）了解商标注册的主要内容和工作流程。

（2）掌握国内商标注册流程中的基本技能。

教学与训练任务一　商标注册文书准备

一、商标书面注册申请文书准备

国内的商标注册申请人办理商标注册申请有两种途径：一是自行办理；二是委托依法设立的商标代理机构办理。两种途径的主要区别是发生联系的方式、提交的书件、文件递交和送达方式稍有差别。

在发生联系的方式方面，自行办理的，在办理过程中申请人与商标局直接发生联系；委托商标代理机构办理的，在办理过程中申请人通过商标代理机构与商标局发生联系，而不直接与商标局发生联系。

在提交书件方面，自行办理的，申请人应按规定提交相关书件；委托商标代理机构办理的，申请人除应提交的其他书件外，还应提交委托商标代理机构办理商标注册事宜的授权委托书。

在文件递交和送达方式方面，申请人自行办理的，由申请人或经办人直接将申请文件递交（也可以邮寄）到商标局商标注册大厅（也可到商标局驻中关村国家自主创新示范区办事处，商标局在京外设立的商标审查协作中心，或者商标局委托地方工商和市场监管部门设立的商标受理窗口），申请人也可以通过网上申请系统提交；代理机构可以将申请文件直接递交、邮寄递交或通过快递企业递交商标局，也可以通过网上申请系统提交。

外国人或者外国企业在中国申请商标注册和办理其他商标事宜的，应当委托依法设立的商标代理机构办理。但在中国有经常居所或者营业所的外国人或外国企业，可以自行办理。

委托商标代理机构办理商标注册事宜的，应准备的书件和办理程序可以向商标代理机构咨询。

（一）申请文书的准备

（1）国内自然人直接办理商标注册申请时应当提交以下文件：按照规定填写打印的《商标注册申请书》并由申请人签字、商标图样、个体工商户营业执照复印件、自然人身份证复印件。商标注册申请书和商标图样的具体要求，请查看"中国商标网→商标申请→申请指南"栏目。

农村承包经营户可以以其承包合同签约人的名义提出商标注册申请，商品和服务范围以其自营的农副产品为限。申请时应提交承包合同复印件。

（2）国内法人或者其他组织直接办理商标注册申请时应当提交以下文件：按照规定填写打印的《商标注册申请书》并加盖申请人公章、商标图样、身份证明文件复印件。申请人为国内法人或其他组织的，应当使用标注统一社会信用代码的身份证明文件。企业一般应提交营业执照，非企业可以提交"事业单位法人证书""社会团体法人登记证书""民办非企业单位登记证书""基金会法人登记证书""律师事务所执业许可证"等身份证明文件。

注意，期刊证、办学许可证、卫生许可证等不能作为申请人身份证明文件。

国内自然人、国内法人均可以通过商标网上申请系统提交申请。

（3）外国人办理商标申请事宜应委托依法设立的商标代理机构办理。在中国有经常居所的外国人，可以自行办理。直接到商标注册大厅办理的，应提交以下文件：按照规定填写打印的《商标注册申请书》并由申请人签字、商标图样、申请人的身份证明文件复印件、公安部门颁发的"外国人永久居留证"或有效期一年以上"外国人居留许可"的复印件。在中国有经常居所的外国人，还可以通过商标网上申请系统提交申请。

（4）直接办理集体商标注册申请时，除提交按照规定填写打印的《商标注册申请书》并加盖申请人公章、商标图样、身份证明文件复印件（经申请人盖章确认）外，还应当提交集体商标使用管理规则、集体成员名单等。

（5）直接办理证明商标注册申请时，除提交按照规定填写打印的《商标注册申请书》

并加盖申请人公章、商标图样、身份证明文件复印件（经申请人盖章确认）外，还应当提交证明商标使用管理规则，并应当详细说明其所具有的或者其委托的机构具有的专业技术人员、专业检测设备等情况，以表明其具有监督该证明商标所证明的特定商品品质的能力。

（6）办理地理标志注册申请除了要提交集体商标、证明商标所需材料外，还应提交地理标志所表示地区的人民政府或者行业主管部门授权申请人申请注册并监督管理该地理标志的文件、有关该地理标志产品客观存在及信誉情况的证明材料并加盖出具证明材料部门的公章、地理标志所标示的地域范围划分的相关文件和材料、地理标志产品的特定品质受特定地域环境或人文因素决定的说明，地理标志申请人具备监督检测该地理标志能力的证明材料。外国人或者外国企业申请地理标志集体商标、证明商标注册的，应当提供该地理标志以其名义在其原属国受法律保护的证明。

（二）商标注册申请的其他要求

1. 注册申请日的确定与受理

商标注册的申请日期以商标局收到申请文件的日期为准。

商标注册申请手续齐备、按照规定填写申请文件并缴纳费用的，商标局予以受理并书面通知申请人；申请手续不齐备、未按照规定填写申请文件或者未缴纳费用的，商标局不予受理，书面通知申请人并说明理由。申请手续基本齐备或者申请文件基本符合规定，但是需要补正的，商标局通知申请人予以补正，限其自收到通知之日起 30 日内，按照指定内容补正并交回商标局。在规定期限内补正并交回商标局的，保留申请日期；期满未补正的或者不按照要求进行补正的，商标局不予受理并书面通知申请人。

2. 同日申请的处理

两个或者两个以上的申请人，在同一种商品或者类似商品上，分别以相同或者近似的商标在同一天申请注册的，各申请人应当自收到商标局通知之日起 30 日内提交其申请注册前在先使用该商标的证据。同日使用或者均未使用的，各申请人可以自收到商标局通知之日起 30 日内自行协商，并将书面协议报送商标局。不愿协商或者协商不成的，商标局通知各申请人以抽签的方式确定一个申请人，驳回其他人的注册申请。商标局已经通知但申请人未参加抽签的，视为放弃申请，商标局应当书面通知未参加抽签的申请人。

3. 注册申请的审限

对申请注册的商标，商标局应当自收到商标注册申请文件之日起 9 个月内审查完毕，符合《商标法》有关规定的，予以初步审定公告。

4. 驳回和部分驳回

商标局对受理的商标注册申请，依照《商标法》及《商标法实施条例》的有关规定进行审查，对符合规定或者在部分指定商品上使用商标的注册申请符合规定的，予以初步审定，并予以公告；对不符合规定或者在部分指定商品上使用商标的注册申请不符合规定的，予以驳回或者驳回在部分指定商品上使用商标的注册申请，书面通知申请人并说明理由。

5. 分割申请

商标局对一件商标注册申请在部分指定商品上予以驳回的，申请人可以将该申请中初步审定的部分申请分割成另一件申请，分割后的申请保留原申请的申请日期。需要分割的，申请人应当自收到商标局《商标注册申请部分驳回通知书》之日起15日内，向商标局提出分割申请。

6. 商标补正

在审查过程中，商标局认为商标注册申请内容需要说明或者修正的，可以要求申请人做出说明或者修正。申请人未做出说明或者修正的，不影响商标局做出审查决定。

依照《商标法》第29条规定，商标局认为对商标注册申请内容需要说明或者修正的，申请人应当自收到商标局通知之日起15日内作出说明或者修正。

二、商标网上注册申请准备

按照商标局的规定，商标除了可以书面注册申请外，还可以网上注册申请。网上注册申请应按以下流程办理：

（1）申请"商标数字证书"。

（2）下载并安装数字证书驱动程序和安全应用控件。

（3）登录商标局官网的网上申请系统，选择正确书式，提交商标网上申请。

另外，商标网上申请还需注意，应当通过中国商标网（http://www.ctmo.gov.cn）以商标局规定的文件格式、数据标准、操作规范和传输方式提交申请文件。

由于技术原因，商标申请人或商标代理组织不得提交下列情形的网上申请：

（1）商标局公布的《自然人办理商标注册申请注意事项》所规范的商标注册申请。

（2）有优先权诉求的商标注册申请。

（3）人物肖像的商标注册申请。

（4）集体商标、证明商标的商标注册申请。

（5）指定使用的商品或服务项目没有列入《类似商品和服务区分表》的商标注册申请。

（6）外国人或外国企业作为商标申请人或共同申请人，未委托商标代理组织提交的商标注册申请。我国香港、澳门特别行政区和台湾地区的商标申请人照此办理。

商标申请人直接提交商标网上申请的，应当在提交商标网上申请时，使用本人或委托的付款人的银行卡立即在线足额支付商标规费；商标代理组织代理商标网上申请的，应当足额预付商标规费。

教学与训练任务二 商标注册审查及流程 >>>

一、商标注册审查方式

对符合《商标法》规定的商标申请，商标局应予以受理并对其进行审查。对商标申请进行审查，是商标能否注册的关键。核准注册是申请人获得商标专用权的法律依据。世界各国对商标的审查主要采取两种方式：一种是形式审查制；另一种是审查制，即不仅要进行形式审查，也要进行实质审查。目前绝大多数国家适用的是审查制，我国也采用审查制。

（1）形式审查。形式审查是指对申请注册商标的申请手续及其形式法定条件进行审查，从而确定是否受理申请。形式审查主要审以下内容：

1）申请人的资格和申请程序是否清晰、正确。

2）申请人的地址是否正确、明晰。

3）申请是否符合商标申请的有关原则。

4）商标的申请日期，编写申请号。《商标法实施条例》第 18 条规定，商标注册的申请日期，以商标局收到的申请书件的日期为准。通过审查认为申请手续齐备并按照规定填写申请书件的，编定申请号，发给《受理通知书》。编号就是该商标的"身份证号"，它在不同阶段又有不同的叫法，例如在申请和审查阶段叫商标申请号，在注册公告阶段叫商标注册号。

（2）实质审查。实质审查是指对申请注册商标的构成要素是否符合法定条件进行审查。实质审查是商标申请能否取得授权的关键环节。实质审查的主要内容有：

1）商标的种类和显著特征是否符合《商标法》的规定，若不符合则予以驳回。

2）商标的构成要素是否违背《商标法》规定的禁用条款，违者予以驳回。

3）商标是否与他人在同一种类或类似商标上注册的商标相同或相似。

二、商标注册审查流程

（1）初步审定公告。商标局对申请注册的商标，应当自收到商标注册申请文件之日起 9 个月内审查完毕，符合《商标法》有关规定的，予以初步审定公告。初步审定公告的商标还不具有商标专用权，还要在"商标公告"上予以公布，广泛征得社会公众的意见。

（2）商标异议及异议复审。商标异议是指公众对某一经过初步审定并公告的商标，在法定期限内，向商标局提出该商标不予注册的反对意见。对初步审定公告的商标，自公告之日起 3 个月内，在先权利人、利害关系人认为违反《商标法》第 13 条第 2 款和第 3 款、第 15 条、第 16 条第 1 款、第 30 条、第 31 条、第 32 条规定的，或者任何人认为违反《商标法》第 10 条、第 11 条、第 12 条规定的，可以向商标局提出异议。

公告期满无异议的，予以核准注册，发给商标注册证，并予公告。《商标法》明确划分了申请商标异议的主体，完善了异议程序，一定程度上杜绝了恶意异议申请。

对初步审定公告的商标提出异议的，商标局应当听取异议人和被异议人陈述事实和理由，经调查核实后，自公告期满之日起 12 个月内做出是否准予注册的决定，并书面通知异议人和被异议人。有特殊情况经批准后可以适当延长。

1）商标局做出准予注册决定的，发给商标注册证，并予公告，异议人不服的情况。异议人可以依照《商标法》第 44 条、第 45 条的规定向商标评审委员会请求宣告该注册商标无效。

2）商标局做出不予注册决定，被异议人不服的情况。被异议人可以自收到通知之日起 15 日内向商标评审委员会申请复审。

商标评审委员会应当自收到申请之日起 12 个月内做出复审决定，并书面通知异议人和被异议人。有特殊情况经批准后可以适当延长。被异议人对商标评审委员会的决定不服的，可以自收到通知之日起 30 日内向人民法院起诉。人民法院应当通知异议人作为第三人参加诉讼。

（3）商标注册的核准。核准注册是申请人取得商标专用权的决定性环节。商标获准注册后由商标局将核准的商标和核定使用的商品登记在"商标注册簿"上，并刊登在"商标公告"上，同时颁发商标注册证。自始注册商标受法律保护，注册人享有商标专用权。商标注册审查流程如图 2-12、图 2-13 所示。

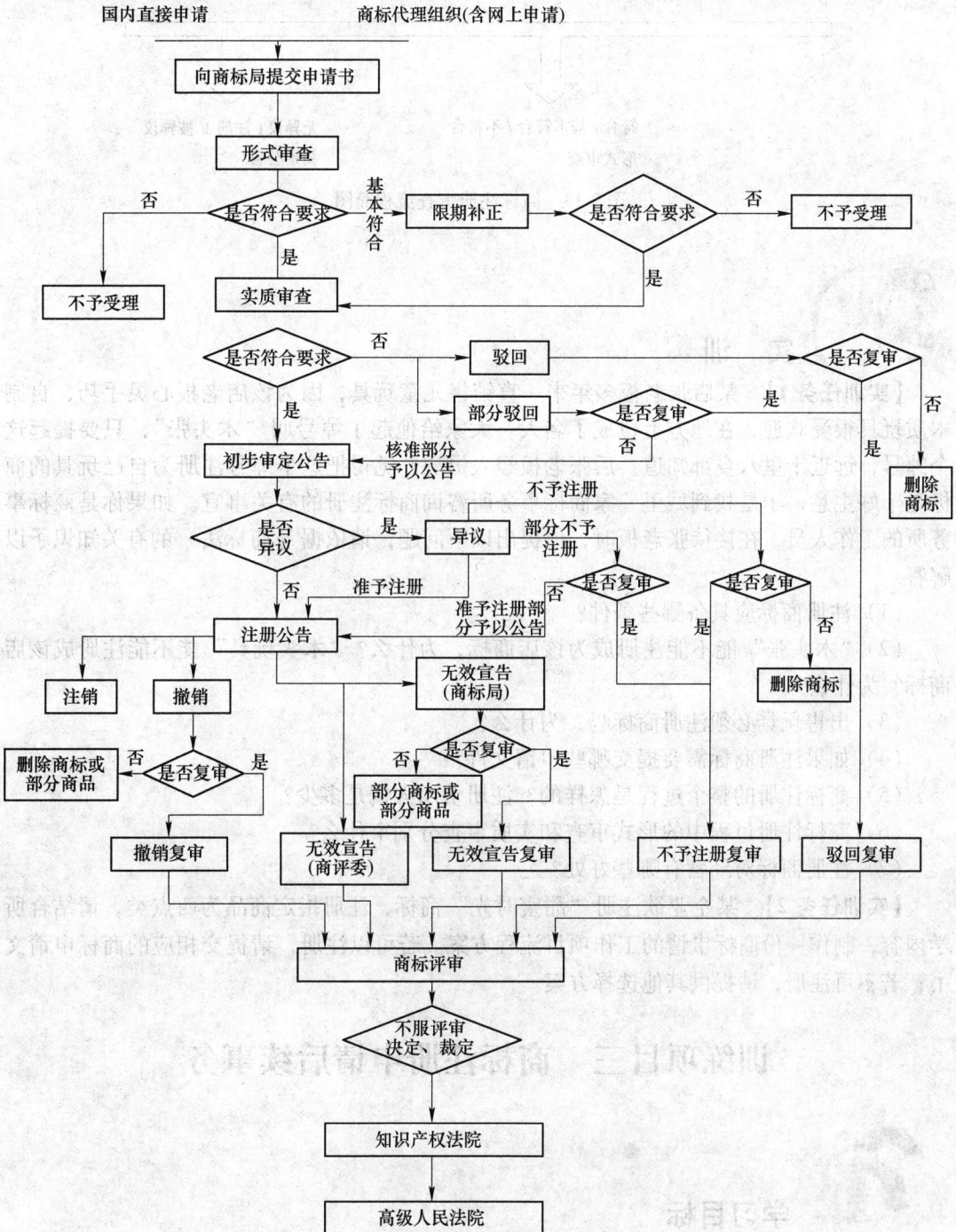

图 2-12 商标注册流程

提交申请
1. 申请书；2. 委托书；
3. 身份证明

实质审查
全部驳回 / 部分驳回

符合 / 基本符合 / 不符合
形式审查

无异议（注册）/ 被异议
初审公告

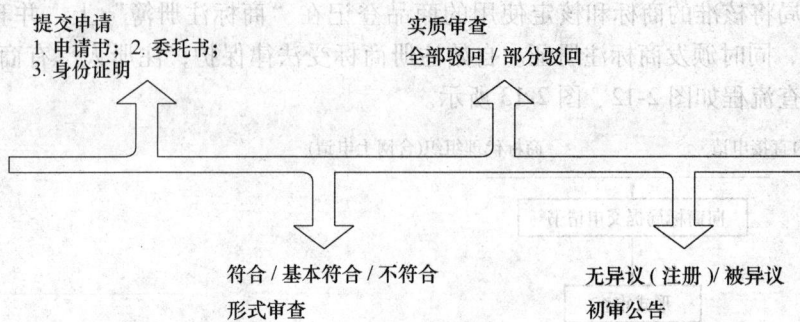

图 2-13　商标注册审查流程简图

实　训

【实训任务1】　某店张老板多年来一直销售儿童玩具，因为该店老板心灵手巧，自制木质玩具很受欢迎，在地方上也成了名人。大家给他起了绰号叫"木头张"，只要提起这个绰号，远近十里八乡都知道。后张老板经人提醒，觉得把这个绰号注册为自己玩具的商标是个好主意，于是找到城里一家商标事务所咨询商标注册的有关事宜。如果你是商标事务所的工作人员，在接待张老板时，他提出以下问题，请依据《商标法》的有关知识予以解答。

（1）注册商标应具备哪些条件？

（2）"木头张"能不能注册成为该店商标，为什么？"木头玩具"能不能注册成该店商标？为什么？

（3）出售玩具必须注册商标吗，为什么？

（4）如果注册商标需要提交哪些申请文件？

（5）商标注册的整个过程是怎样的？注册费用大概是多少？

（6）商标注册过程中的形式审查和实质审查分别审什么？

（7）注册商标对经营有哪些好处？

【实训任务2】　某企业欲注册"甜蜜时光"商标，注册指定商品为西点类，请结合所学内容，制作一份商标申请的工作项目流程方案。若可以注册，请提交相应的商标申请文书；若不可注册，请提供其他选择方案。

训练项目三　商标注册申请后续事务

学习目标

（1）熟悉驳回商标注册申请复审申请业务。

（2）了解商标变更申请业务以及商标续展业务。

教学与训练任务一 驳回商标注册申请复审申请 >>>

商标局对受理的商标注册申请，依照《商标法》及《商标法实施条例》的有关规定进行形式审查与实质审查，审查后会有两种结果：一是审查通过，商标局对符合规定或者在部分指定商品上使用商标的注册申请符合规定的，予以初步审定，并予以公告；二是审查不通过，商标局对不符合规定或者在部分指定商品上使用商标的注册申请不符合规定的，予以驳回或者驳回在部分指定商品上使用商标的注册申请，书面通知申请人并说明理由。

商标驳回的官方文件为商标驳回通知书，商标驳回通知书又分为全部驳回通知书和部分驳回通知书，通知书右上角标注商标局发文编号。

一、商标驳回的法律依据

商标驳回的理由主要有绝对理由和相对理由两种。

（1）绝对理由。绝对理由是指商标不符合注册条件的合法性要求，违反《商标法》第10条的规定，以及不具有显著性。

（2）相对理由。相对理由是指注册申请商标与在先权利冲突，不具备新颖性。违反《商标法》第30条、第31条的规定。

二、提交驳回复审申请的期限

针对驳回申请，不予公告的商标，商标注册申请人不服的，必须在法定期限提出申请，即可以自收到通知之日起15日内向商标评审委员会申请复审。除此之外，还需要注意几个日期的掌握和运用。

（1）收到驳回通知书的日期。商标局或者商标评审委员会的各种文件，可以通过邮寄、直接递交、数据电文或者其他方式送达当事人。以数据电文方式送达当事人的，应当经当事人同意。当事人委托商标代理机构的，文件送达商标代理机构视为送达当事人。

商标局或者商标评审委员会向当事人送达各种文件的日期，邮寄的，以当事人收到的邮戳日为准，邮戳日不清晰或者没有邮戳的，自文件发出之日起满15日视为送达当事人，但是当事人能够证明实际收到日的除外；直接递交的，以递交日为准；以数据电文方式送达的，自文件发出之日起满15日视为送达当事人，但是当事人能够证明文件进入其电子系统日期的除外。文件通过上述方式无法送达的，可以通过公告方式送达，自公告发布之日起满30日，该文件视为送达当事人。

（2）提交驳回复审的日期。当事人向商标局或者商标评审委员会提交文件或者材料的日期，直接递交的，以递交日为准；邮寄的，以寄出的邮戳日为准，邮戳日不清晰或者没有邮戳的，以商标局或者商标评审委员会实际收到日为准，但是当事人能够提出实际邮戳日证据的除外；通过邮政企业以外的快递企业递交的，以快递企业收寄日为准，收寄日不明确的，以商标局或者商标评审委员会实际收到日为准，但是当事人能够提出实际收寄日证据的除外；以数据电文方式提交的，以进入商标局或者商标评审委员会电子系统的日期为准。

当事人向商标局或者商标评审委员会邮寄文件，应当使用给据邮件。

当事人向商标局或者商标评审委员会提交文件，以书面方式提交的，以商标局或者商标评审委员会所存档案记录为准；以数据电文方式提交的，以商标局或者商标评审委员会数据库记录为准，但是当事人确有证据证明商标局或者商标评审委员会档案、数据库记录有错误的除外。

（3）补充证据材料日期。当事人需要在提出评审申请或者答辩后补充有关证据材料的，应当在申请书或者答辩书中声明，并自提交申请书或者答辩书之日起 3 个月内提交；期满未提交的，视为放弃补充有关证据材料。但是，在期满后生成或者当事人有其他正当理由未能在期满前提交的证据，在期满后提交的，商标评审委员会将证据交对方当事人并质证后可以采信。

三、驳回复审申请文件材料

（一）驳回复审申请文件材料准备

1. 驳回复审申请提交的文件

（1）驳回复审申请书（首页）；

（2）评审材料目录；

（3）驳回复审申请书（正文）；

（4）商标代理委托书（如有委托）；

（5）申请人的主体资格证明文件；

（6）证据目录及证据材料。

中国商标网"商标申请"一栏有驳回商标注册申请复审申请书的文书样式及授权委托书的文本，可自行下载。

2. 其他注意事项

手续齐备并依法缴纳评审费用后，提交复审申请，进入程序。手续不齐备，退回申请书件限期补正。当事人需要补充证据或者补正文件的期间以及因当事人更换需要重新答辩的期间不计入审限。商评委自收到申请之日起 9 个月内作出决定，特殊情况可以申请延长 3 个月。

商标评审委员会审理不服商标局驳回商标注册申请决定的复审案件，应当针对商标局的驳回决定和申请人申请复审的事实、理由、请求及评审时的事实状态进行审理。

商标评审委员会审理不服商标局驳回商标注册申请决定的复审案件，发现申请注册的商标有违反《商标法》第 10 条、第 11 条、第 12 条和第 16 条第 1 款规定情形，商标局并未依据上述条款作出驳回决定的，可以依据上述条款作出驳回申请的复审决定。商标评审委员会作出复审决定前应当听取申请人的意见。

（二）驳回商标注册申请复审申请书的填写

申请书应当载明下列事项：

（1）申请人的名称、通信地址、联系人和联系电话。评审申请有被申请人的，应当载明被申请人的名称和地址。委托商标代理机构办理商标评审事宜的，还应当载明商标代理机构的名称、地址、联系人和联系电话。

（2）评审商标及其申请号或者初步审定号、注册号和刊登该商标的商标公告的期号。

（3）明确的评审请求和所依据的事实、理由及法律依据。

其中，就事实与理由部分的撰写需要一定的文书写作技能，这不仅需要掌握相关的法律知识，也需要在具体工作实践中慢慢积累和研磨。通常来讲，针对因绝对理由驳回的复审申请理由包括：待注册商标已取得官方授权，获得政府同意、有明确含义或有特殊含义、没有不良影响、不会误导公众、经过使用已经获得显著性特征。注意，以上理由只是理由，但要形成证据支持，需要有公证认证。

针对因相对理由驳回的复审申请理由包括：商品或服务不类似；商标不存在相同或近似；商标有在先使用的证据；申请注册的商标与引证商标不构成阻挡；申请人与在先使用人已达成协议，有共存协议同意书；申请暂缓审理。引证商标存在异议、撤销、无效宣告等事实也可以在申请书中提及，以支持自己的复审申请理由。驳回复审申请书的行文可参考以下模板。

---

1. 说清来由（承上启下）

申请人于×年×月×日，向商标局申请注册"××"商标，申请号：××，指定商品/服务类别：×类。

国家商标局受理后，认为待注册商标"×××"与引证×公司注册的第×××号商标构成近似，于×年×月×日第×号通知书驳回了申请人的商标申请。

申请人于×年×月×日收到驳回通知书，对此裁定不服，根据《中华人民共和国商标法》第三十四条之规定，特向贵委员会申请复审。

2. 陈述理由

（1）申请商标与引证商标不近似。

（2）申请商标有在先使用。

（3）申请商标有明显区别含义。

3. 综上所述（再次强调）

综上所述，申请人商标与引证商标在组成要素、含义、图形的构图及整体外观等各个方面均有重大差异，不会使相关公众对申请人商品的来源产生误认，也不会使相关公众认为申请人的商品来源与引证商标的商品有特定的联系，且在实际应用过程中该商标已被相关公众所接受，未发生误认的情况，为此，特恳求评审委员会撤销商标局驳回我公司商标注册申请的决定，准予我公司商标注册。

实　训

【实训任务 1】　结合图 2-14 梳理驳回注册商标复审申请流程工作。

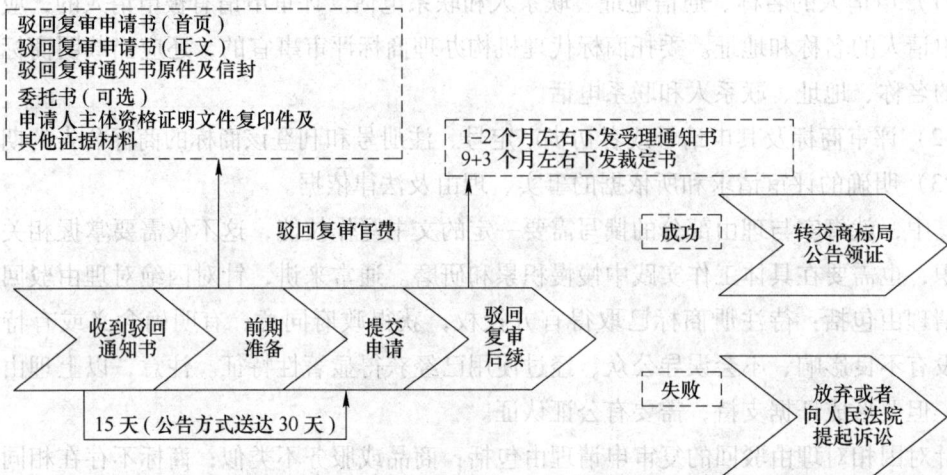

驳回复审申请书（首页）
驳回复审申请书（正文）
驳回复审通知书原件及信封
委托书（可选）
申请人主体资格证明文件复印件及
其他证据材料

1~2 个月左右下发受理通知书
9+3 个月左右下发裁定书

驳回复审官费

成功　　转交商标局公告领证

失败　　放弃或者向人民法院提起诉讼

收到驳回通知书　→　前期准备　→　提交申请　→　驳回复审后续

15 天（公告方式送达 30 天）

图 2-14　驳回商标注册申请复审申请流程

【实训任务 2】　北京××文化艺术发展有限公司欲在第 35 类
3501 广告群组下的两个项目，即" 广告宣传 350038、无线电广告
350040"服务项目上申请注册商标，且已提交商标注册申请。其
待注册商标如图 2-15 所示，其申请号为 13864152。

图 2-15　申请注册商标

商标局受理后，发现该商标存在近似申请，于是国家商标局
下发了文编号为 ZC8048562BH1 号的商标驳回通知书，驳回理
由为：商标图形部分与某公司在类似商品上已注册的第 3526162
号"莲花"（见图 2-16）商标及图形近似。

现北京××文化艺术发展有限公司委托某知识产权代理有限公
司，欲提出驳回商标复审申请。请根据任务信息，完成驳回商标
复审申请书的撰写练习。

图 2-16　引证商标

理由部分提纲（可参考）：

（1）申请商标与引证商标是否有明显的区别，且并不构成近似商标。

（2）申请商标具有《商标法》规定的独特性和显著性。

（3）申请商标是否已通过大力广告宣传被消费者所认可，且具有很高的商业价值。

教学与训练任务二　商标变更申请 >>>

注册商标需要变更注册人的名义、地址或者其他注册事项的，应当提出变更申请。若
商标权人自行变更商标信息，需要承担一定得法律后果。《商标法》第 49 条规定，商标注

册人在使用注册商标的过程中，自行改变注册商标、注册人名义、地址或者其他注册事项的，由地方工商行政管理部门责令限期改正；期满不改正的，由商标局撤销其注册商标。

变更商标包括注册商标和申请中的商标。变更事项包括名义、地址、代理人和文件接收人、删减指定的商品、其他。

变更商标注册人名义、地址或者其他注册事项的，应当向商标局提交变更申请书。变更商标注册人名义的，还应当提交有关登记机关出具的变更证明文件。商标局核准的，发给商标注册人相应证明，并予以公告；不予核准的，应当书面通知申请人并说明理由。

商标变更应遵循"一并变更"原则。变更商标注册人名义或者地址的，商标注册人应当将其全部注册商标一并变更；未一并变更的，由商标局通知其限期改正；期满未改正的，视为放弃变更申请，商标局应当书面通知申请人。

变更申请需要准备如下文件：

（1）变更商标申请人、注册人名义、地址申请书。

（2）申请人主体资格文件。

（3）变更名义的证明文件。

（4）委托商标代理机构办理的提交委托书。

如果申请变更商标是共有商标，还应提交其他共有人同意变更声明。

另外在填写商标变更申请书时还要注意以下情况：属于共有商标的，申请人应当在商标变更申请书中"是否共有商标"选择"是"；若为非共有商标，则选择"否"。共有商标申请变更申请人名义、地址或者变更注册人名义、地址，需由代表人提出申请，申请人名义、地址填写代表人的名义、地址。如代表人名义、地址不变，则首页中变更前名义、地址不需填写；其他名义、地址变更的共有人依次填写在申请书附页上（可再加附页），未变更的，则附页中不需填写。

实　训

【实训背景】　商标变更公告的基本查询步骤：登录中国商标网首页，点击商标公告查询，打开页面后，选择公告查询检索。在检索页面选择要查询类型，并输入关键字或者待查询信息，这样即可查询到需检索的商标变更公告信息。

【实训任务】　登录中国商标网，进行商标变更公告页面信息查询，检索本年度商标变更公告中第1期的内容。

教学与训练任务三　商标权的保护期限与续展

一、商标权的保护期限

商标权保护期限是指注册商标所有人享有的商标专用权的有效期限。我国注册商标有效期为10年，自核准注册之日起计算。在规定商标保护期限的同时，《商标法》还对注册商标的续展作了规定。在有效期内，商标注册人对商标的使用权利具有排他效力，有效期届满，商标注册人的权利即告终止。

二、商标权的续展

商标权是一种工商业标记，其价值是在商标使用中产生并逐渐积累起来的。在知识产权制度里，著作权、专利权都受时间的限制，法定时间到了以后，作品会进入公共领域作为公共作品，专利会对公众开放而免费使用，唯有《商标法》允许商标权不断续展下去，以保持商标的长久效力。商标权续展制度可以补充其他知识产权保护的不足。

《商标法》第 40 条规定，注册商标有效期满，需要继续使用的，商标注册人应当在期满前 12 个月内按照规定办理续展手续；在此期间未能办理的，可以给予 6 个月的宽展期。每次续展注册的有效期为 10 年，自该商标上一届有效期满次日起计算。期满未办理续展手续的，注销其注册商标。

不符合法律规定的续展申请，商标局以"驳回通知书"的形式告知申请人，并退还续展注册费。驳回理由有以下几种：

（1）注册商标的续展申请过了宽展期。

（2）自行改变了注册商标的文字、图形和其组合。

（3）自行扩大了注册商标核定使用的商品范围。

（4）其他违反商标法规定的行为。

三、商标续展注册申请所需文件

商标续展注册应提交的申请书件有：

（1）商标续展注册申请书。

（2）经申请人盖章或者签字确认的主体资格证明文件复印件。

（3）委托代理的，应提交代理委托书；直接在商标注册大厅办理的，应提交经办人的身份证及复印件（原件经比对后退还）。

（4）注册证复印件。

（5）申请文件为外文的，还应提供经翻译机构或代理机构签章确认的中文译本。

需要注意的是：

（1）办理商标续展注册，应当按照申请书上的要求用电脑打字逐一填写，且不得随意更改样式。申请人是自然人的，应在姓名后填写身份证件号码。

（2）每一件商标应提交续展注册申请书 1 份。

（3）申请续展的商标为共有商标的，应以代表人的名称提出申请。

（4）根据《商标法》第 34 条的规定，被异议的商标经裁定异议不能成立而核准注册的，商标注册申请人取得商标专用权的时间自初审公告 3 个月期满之日起计算。因此，尚处在异议、异议复审、异议复审诉讼中的商标，已到商标续展期的，可以在有效期期满前 12 个月内申请续展；在此期间未能提出申请的，可以给予 6 个月的宽展期。商标局将根据异议、异议复审或诉讼的最终结果决定是否核准续展，如商标最终被不予核准注册，商标局将对续展申请不予核准，申请费用可以办理退还。

训练项目四　商标国际注册申请

学习目标

（1）了解马德里国际注册、逐一国注册申请等内容。

（2）掌握在商标的国际注册中常用的英文词汇。

教学与训练任务一　商标国际注册申请基础 >>>

一、商标国际注册概述

商标国际注册包括马德里国际注册和巴黎公约注册（逐一国家注册）两种。在商标代理中，狭义概念的商标国际注册通常是指根据《商标国际注册马德里协议》（即《马德里协议》）的规定，在马德里联盟成员国间进行的商标注册，即马德里国际注册。

商标国际注册的程序相对复杂，它不仅要求申请人或代理人有较高的语言能力，还要求申请人或代理人熟悉各国的商标注册制度。大多数国家都和我国一样，规定非本国国民申请注册商标，必须委托本国的商标代理人。所以，作为国内商标代理人，如果涉及国外商标注册业务，不仅要熟练掌握商标国际注册相关操作，而且还必须具备一定的外语能力、沟通协调能力、应急反应能力等，更重要的是为申请人（主要是国内企业）量身制定商标注册和保护相关方案。

从法律层面上来看，进行商标国际注册最主要的原因是商标权的地域性，即在 A 国的商标注册因管辖权及国家主权的原因不会必然的在 B 国得到保护，因此必须在相应指定的国家或地区进行商标注册。由于国内企业对商标专有权的意识不强，常常忽略在产品销售国家或地区进行商标注册，因此在国际交往中经常出现中国企业商标被抢注或在商标纠纷中无法获得法律的保护等情况。

二、商标国际注册的途径

通常，申请人进行商标的国际注册主要有两种途径：一种是逐一国家注册，即分别向各国商标主管机关申请注册；另一种是马德里国际注册，即根据《商标国际注册马德里协定》（以下简称马德里协定）或《商标国际注册马德里协定有关议定书》（以下简称马德里议定书）的规定，在马德里联盟成员国间所进行的商标注册。我们通常所说的商标国际注册，指的就是马德里国际注册。

（1）逐一国家注册（巴黎公约注册）。商标逐一国家注册指商标需要在哪些国家或者地区获得保护，商标申请人就直接向那些国家或地区商标主管机关分别递交注册申请的注册方式。这是国际商标保护最常用的一种方式。

（2）马德里国际注册。马德里体系是针对全球商标注册和管理的解决方案，既方便又划算。只需提交一份申请，缴纳一组费用，便可在多达 118 个国家申请保护。通过一个集中化的系统，就可变更、续展或扩展全球商标。

总体来说，两种注册途径在注册流程方面各有利弊，具体见表 2-5。

表 2-5　国际注册商标途径的比较

途径	逐一国家注册	马德里国际注册
优势	（1）商标申请独立于原属国注册，操作灵活； （2）有专门的知产服务机构全程辅助，随时查询进程并及时解决后续问题	（1）手续简便，仅需一份申请即可进行全球多个国家商标注册； （2）成本较低，总费用一般低于逐一国家注册费用，同时选定的国家越多总费用越少； （3）申请过程短； （4）后续操作简便； （5）检索状态随时了解
劣势	（1）费用较高，包括国外官费、国外代理费、通讯费、公证认证费、国内代理机构服务费等； （2）程序繁复，代理组织须与不同的合作律师发函，并由其向各商标主管机关提出申请，缴纳不同的费用、使用不同的语言、提交不同的申请书，办理文件工作或认证手续等； （3）后续维护要求非常高，需要逐一与国外代理更新商标在各国的进展情况	（1）马德里国际注册申请必须基于国内的商标申请或注册且受制于"中心打击原则"①； （2）马德里国际注册除了美国、日本等个别国家外，大多会下发单独的注册证；一旦遇到商标侵权，没有单一国家的注册证会对企业维权造成困难； （3）全程无专业人士提供服务，若出现后续问题无法在第一时间得以解决

①在《马德里协定》和《马德里议定》中都有中心打击的规定。根据《马德里协定》第 6 条第 2 款、第 3 款、第 4 款的规定，以及《马德里议定书》第 6 条第 2 款、第 3 款、第 4 款的规定，中心打击就是指自国际注册之日起 5 年内，国际注册与其基础申请或者基础注册存在对应附属关系。在此期间，如果对应国际商标注册的基础申请被撤销或者被驳回，那么该国际注册在所有被指定的缔约方将不再受到该国的保护。

这里要注意 5 年的时间点，若此类情况出现在 5 年以后，则国际注册不会受到影响。

三、商标国际注册的其他问题

（一）商标国际注册中的优先权问题

优先权原则是《保护工业产权巴黎公约》（即《巴黎公约》对工业产权国际保护确立的重要原则。该原则适用于国际注册，即注册申请人的基础申请在商标国际注册时享有优先权。《巴黎公约》第 4 条第 1 款第 1 项规定，任何人或其权利继承人，已经在本联盟中的某一国家正式提出商标注册申请的，在 6 个月内，在其他国家就同一商标在相同商品上提出的申请享有优先权。这里的"任何人或其权利继承人"系指巴黎公约成员国国民，或成员国某一国领土内有住所或有真实有效的工商营业所的非本联盟国际的国民（即享受国民待遇的非联盟国家国民）。

（二）商标国际注册申请中的注意事项

（1）确认商标申请日期及申请号。商标申请时，因商标局要先进行形式审查，因此《商标注册申请受理通知书》要在申请递交后的一段时间内才能下发。因此，商标递交日、申请号也要在申请提交后的一段时间内下发。

（2）初次申请国家。国内申请人进行涉外商标申请注册时，不一定以国内商标申请为基础，也有可能以其他国家的商标申请为基础。

（3）商标指定项目。因各国分类方法导致指定项目无法进行统一归类，需要进一步确认，同时确保主张优先权的项目不能超出其他国家指定的范围。

（4）官方文件。例如在逐一国家注册情况下，在中国或其他国家取得的"受理通知书"要进行对应的英文或指定国语言翻译。

（5）主体资格。确保进行商标注册申请的申请人符合当地提交商标申请的资格。

教学与训练任务二　马德里国际注册

一、马德里国际注册概述

马德里商标国际注册体系建于 1981 年，包括三套文件：《马德里协定》、《马德里议定书》和《商标国际注册马德里协定及该协定有关议定书的共同实施细则》。该体系由位于瑞士日内瓦的国际局管理。国际局是指世界知识产权组织国际局，负责国际商标注册。需要注意的是，马德里国际商标注册体系只是为缔约国成员提供方便、高效的商标注册途径，在国际局进行商标注册，不代表已经获得指定国的商标保护，国际注册证仅仅表示该商标进行了国际注册申请。由于法律具有地域性，商标要获得指定国的注册保护，还需要各国的法律出现具体考量和审查。

"马德里联盟"是指由《马德里协定》和《马德里议定书》所适用的国家或政府间组织所组成的商标国际注册特别联盟。截至 2018 年 6 月，马德里联盟共有 101 个成员。

《马德里协定》于 1981 年 4 月在西班牙马德里签订，我国于 1989 年 10 月加入。《马德里协定》规定申请人需使用法语向国际局提交商标国际注册申请，商标国内审查期限为 12 个月。

商标所有人在一个缔约方原属国获得了基础注册，那么该所有人就可以通过原属局向世界知识产权国际局提出申请，请求其他缔约方对其商标予以保护。根据《马德里协定》，原属国是指申请人有真实有效工商营业场所的特别联盟国；如果在特别联盟国家中没有真实有效工商营业场所，原属国为申请人住所所在的特别联盟国家；如果在特别联盟国家境内没有工商营业场所也没有固定住所，但申请人具有特别联盟国家国籍，原属国为申请人国籍所在的国家（申请人须按顺序选择）。原属局是指原属国负责商标注册的主管机关。我国原属局是国家知识产权局商标局。例如：以中国为原属国申请商标国际注册的，应当通过原属局（中国）商标局向国际局申请办理。

《马德里议定书》于 1989 年在马德里联盟大会签订，我国于 1995 年加入。《马德里议定书》放宽了商标国际申请条件，允许缔约方以其原属国基础申请提出国际申请。商标国内审查期为 18 个月或 12 个月。申请语言可以选择法语、英语和西班牙语。

二、马德里国际注册申请相关事项

（1）申请人资格。申请人必须具有一定的主体资格。申请人应在我国设有真实有效的工商营业场所；或在我国境内有住所；或拥有我国国籍。另外，台湾省的法人或自然人均可通过商标局提出国际注册申请。而香港和澳门特别行政区的法人或自然人目前还不能通过商标局提出国际注册申请。

（2）申请条件。申请国际注册的商标必须已经在我国启动一定的商标注册申请程序。申请人指定保护的国家是纯"马德里协定"缔约方，申请国际注册的商标必须是在我国已经获得注册的商标；申请人指定保护的国家是纯"马德里议定书"缔约方，或是同属"马德里协定"和"马德里议定书"缔约方，申请国际注册的商标可以是已在我国提出注册申请并被受理的商标，也可以是已经注册的商标。

（3）办理途径。

1）委托国家认可的商标代理机构办理。

2）申请人自行向商标局提交申请。

（4）办理步骤。

1）准备申请书件。

2）向商标局国际注册处提交申请书件。

3）根据《收费通知书》的规定缴纳注册费用。

4）领取国际注册证。

（5）受理机构。马德里国际注册的受理机构为国家商标局国际注册处。

（6）申请材料清单。

1）马德里商标国际注册申请书。

2）MM2 表格。《马德里商标国际注册申请书》外文申请书也被通俗地称为 MM 表格，MM 即 MADRID AGREEMENT AND PROTOCOL CONCERNING THE INTERNATIONAL REGISTRATION OF MARKS 其中的 MADRID 和 MARKS 两个单词的缩写。MM 表格类型见表 2-6。

3）申请人资格证明一份，如营业执照复印件、身份证复印件等。

4）国内商标注册证复印件，或《受理通知书》复印件。

5）如基础注册或申请的商标在国内进行过变更、转让或续展等后续业务，一并提交核准证明复印件。

6）申请人使用英文名称的，必须提供使用该英文名称的证明文件。

7）委托商标代理机构办理的，还应提交商标代理委托书。

8）指定美国的，一并提交 MM18 表格。

表 2-6　表格类型说明

表格	内　容	表格	内　容
MM1	指定缔约方仅限于纯协定缔约方	MM8	注销申请
MM2	指定缔约方不包含纯协定缔约方	MM9	注册人名称或地址变更
MM3	指定缔约方包含纯协定缔约方（仅有阿尔及利亚）	MM10	代理人名称或地址变更
MM4	后期指定	MM11	续展申请
MM5	转让申请	MM12	指定代理人
MM6	删减申请	MM17	欧盟申请优先权
MM7	放弃申请	MM18	商标申请指定美国单独使用

（7）中文申请书的填写要求。

1）申请人信息填写要求。

①申请人名称：要求和基础商标的注册人/申请人名称一致。申请人是法人的，应填写全称；如果申请人是自然人，应填写姓名。另外，法人如有正式英文或法文名称的，应连同中文一起填写。

②申请人地址：要求与基础商标的注册人/申请人地址一致。可按照省份、城市、街道、门牌号码、邮政编码的顺序填写。

③申请人通信地址：如申请人实际通信地址与申请人地址不同，可增加填写此项。

④收文语言选择：此处在所选语言左侧方框内打上"×"标记。

2）申请人资格填写要求。如果申请人指定保护的国家为"马德里协定"成员国，这一项中可供申请人选择的三种情况应依次选择，即申请人首先衡量自己是否符合第一种情况，若符合，应首选第一种，若不符合，再选第二种，第二种也不符合的，再选第三种。若三种都符合或符合两种，则应选在前的一种。如果申请人指定保护的国家为"马德里议定书"成员国，这三种情况中，申请人只要任选符合的一种即可。

3）代理人信息。如申请人直接办理的，这一栏无需填写。

4）基础申请或基础注册。这里指在我国的商标申请和注册，而不是国际注册商标的申请和注册。如申请人就同一商标的多个基础申请或基础注册提出国际注册申请，应将各个基础申请号、申请日期和/或基础注册号、注册日期逐一填写。

5）优先权。若申请人要求优先权，应注明第一次申请的日期和申请号。

6）商标图样。此处要求申请人粘贴商标图样，商标尺寸大小应按申请书的要求办理。

7）其他事项。

①要求颜色保护：如果申请人要求保护颜色，可作具体说明。

②立体商标：如基础商标是立体商标，此项必选。

③声音商标：如基础商标是声音商标，此项必选。

④集体或证明商标：如基础商标是集体或证明商标，此项必选。

⑤商标音译：此处仅将商标的标准汉语拼音填上即可。

8）商品和服务及其类别。

商品和服务及其类别，应按《商标注册用商品和服务国际分类表》中所列的商品和服务类别顺序填写。如：第一类，乙醇、工业用酒精；第五类，阿司匹林、婴儿食品；第九类，音响、显像管；在填写时不得把第九类排在第五类前，或把第五类排在第一类前。注意填写的商品和服务不得超过基础申请或注册商品和服务的范围。

如有对具体国家作商品和服务及其类别的限定，请注明具体被指定缔约方及在该被指定缔约方申请保护的所有类别及商品和服务。限定的商品和服务不得超出商品和服务及其类别中指定商品和服务的范围。

9）指定保护的缔约方。申请人在想要获得保护的缔约方左侧的方框内打上"×"标记。例如，申请人指定保护的国家为德国、法国、意大利三国，申请人只需在这三个国家左侧的方框打"×"即可。如申请人已获得国内受理通知书，可指定同属协定或议定书缔约方，以及纯议定书缔约方；如已获得国内注册证，可指定所有缔约方。

10）本申请交费方式。在所选择交费方式左侧方框内打"×"标记。

（8）缴纳规费。商标局收到手续齐备的申请书件之后，登记收文日期，编定申请号，计算申请人所需缴纳的费用，向申请人或代理人发出《收费通知书》。申请人或代理人应在收到《收费通知书》之日起15日内向商标局缴纳有关费用。商标局只有在收到如数的款项后，才会向国际局递交申请。如申请人或代理人逾期未缴纳规费，商标局不受理其申请，并书面通知申请人。

（9）《国际注册证》的领取。世界知识产权组织（WIPO）国际局收到符合《商标国际注册马德里协定及其议定书共同实施细则》的国际注册申请后，即在国际注册簿上进行登记注册，并给商标注册申请人颁发《国际注册证》并通知各被指定缔约方商标主管机关。

《国际注册证》由国际局直接寄送给商标局国际注册处，再由商标局国际处转寄给申请人或商标代理机构。应该注意的是，申请人填写地址一定要清楚（可增加通信地址），如果申请人的地址有变动，应及时办理变更。

（10）其他填写注意事项：

1）指定美国、日本、韩国、新加坡等国家的国际注册申请，容易收到这些国家的审查意见书或临时驳回通知书，给我国申请人的国际注册在时间和费用上造成了一定的损失。出现以上问题的原因在于，这些国家在加入马德里联盟时，对《马德里协定》或《议定书》的某些条款做了保留或声明，对马德里国际注册申请的某些要件进行审查时，主要依据本国法律和规定。因此，申请人在填写外文申请表格时需注意以下内容：

①企业性质一栏：美国要求必须填写，可接受 CORPORATION（法人企业）、UNINCORPORATED ASSOCIATION（非法人企业）、JOINT VENTURE（合资企业）和 PATERNERSHIP（合伙企业）等。

②商标意译一栏：新加坡要求中文商标必须对汉字进行逐一翻译，商标整体也要说明有无含义；美国要求说明商标有无含义，是否表示地理名称，在相关的产品或服务行业中是否有特殊含义。

③商品一栏：美国要求商品的申报必须符合其国内《可接受的商品和服务分类手册》的要求，马德里国际注册通用的《尼斯国际分类》只是作为参考。日本、韩国也有类似的要求。因此，指定美国、日本、韩国的国家的申请人在填写外文表格（MM2 或 MM3）时，10（a）栏和10（b）栏最好一起填写。10（a）一栏是在指定国家待注册商标要注册在哪类商品或服务上，10（b）一栏是在指定国家对待注册的商品或服务类别做什么限制，即在不超出商品范围的情况下，对商品做出删除或细化。例如，美国不接受"服装"，但是接受"服装，即衬衫、毛衣、风衣、裤子和运动外套"

④指定美国时，必须填写 MM18 表格。MM18 表格中 Signature（签名）一栏必须为个人签名；Signatory's Name（Printed）（签名（打印））一栏必须打印签字人姓名的拼音；Signatory's Title（签名人职务）一栏必须打印签字人的职务；Date of execution（dd/mm/yyyy）一栏日期的填写方式是"日/月/年"，如 2016 年 4 月 18 日应该填写为 18/04/2016；INFORMATION REQUIRED BY THE INTERNATIONAL BUREAU（国际局要求提供的材料）也要一并填写。

2）国际注册有效期为十年，自国际注册日起计算，有效期满后，如想继续使用的，应当续展注册。

三、马德里商标国际注册后续业务

（一）马德里商标国际注册后期指定

后期指定是指商标获得国际注册后，商标注册人就该国际注册所有或部分商品和服务申请领土延伸至一个或多个国家。

1. 申请材料

（1）马德里商标国际注册后期指定申请书；

（2）外文申请书（MM4）；

（3）国际注册证复印件；

（4）如委托代理人的，应附送代理委托书；

（5）指定美国的，一并提交 MM18 表格。

2. 注意事项

后期指定申请，如有涉及纯协定缔约方，必须通过商标局转递国际局；如没有涉及纯协定缔约方，可直接向世界知识产权组织国际局递交，或通过商标局转递国际局。后期指定的缔约方，在国际注册商标到期续展时，需一并进行续展。

（二）马德里商标国际注册转让

转让是指国际注册所有人将其国际注册商标专用权让与他人的法律行为。受让人应当在缔约方境内设有真实有效的工商营业场所，或者在缔约方境内有住所，或者是缔约方国民。

1. 申请材料

（1）填写并加盖转让人、受让人公章的马德里商标国际注册转让申请书；

（2）外文申请书（MM5）；

（3）转让人、受让人资格证明文件，如营业执照复印件、居住证明复印件、身份证件复印件等；

（4）受让人使用英文名称的，必须提供使用该英文名称的证明文件；委托代理人的，应附送代理委托书。

2. 注意事项

转让申请可直接向世界知识产权组织国际局递交，也可以通过商标局转递国际局。

（三）马德里商标国际注册删减

删减是指申请人在全部或部分被指定缔约方删减商品/服务。

1. 申请材料

（1）马德里商标国际注册删减申请书；

（2）外文申请书（MM6）；

（3）国际注册证复印件；

（4）委托代理人的，应附送代理委托书。

2. 注意事项

删减申请可直接向世界知识产权组织国际局递交，也可以通过商标局转递国际局。

（四）马德里商标国际注册放弃

放弃是指申请人在部分缔约方放弃对全部商品或服务的保护。

1. 申请材料

（1）马德里商标国际注册放弃申请书；

（2）外文申请书（MM7）；

（3）国际注册证复印件；

（4）委托代理人的，应附送代理委托书。

2. 注意事项

放弃申请如有涉及纯协定缔约方，必须通过商标局转递国际局；如没有涉及纯协定缔约方，可直接向世界知识产权组织国际递交，或通过商标局转递国际局。

（五）马德里商标国际注册注销

注销是指申请人在全部缔约方对全部或部分商品或服务进行注销。

1. 申请材料

（1）马德里商标国际注册注销申请书；

（2）外文申请书（MM8）；

（3）国际注册证复印件；

（4）委托代理人的，应附送代理委托书。

2. 注意事项

注销申请如有涉及纯协定缔约方，必须通过商标局转递国际局；如没有涉及纯协定缔约方，可直接向世界知识产权组织国际局递交，或通过商标局转递国际局。

（六）马德里商标国际注册注册人名称或地址变更

马德里商标国际注册如注册人名称或地址发生变更的，需办理注册人名称或地址变更申请。

1. 申请材料

（1）马德里商标国际注册人名称或地址变更申请书；

（2）外文申请书（MM9）；

（3）国际注册证复印件；

（4）相应的变更证明文件；

（5）委托代理人的，应附送代理委托书。

2. 注意事项

注册人名称或地址变更可直接向世界知识产权组织国际局递交或通过商标局转递国际局。

（七）马德里商标国际注册代理人名称或地址变更

马德里商标国际注册所登记的代理人如名称或地址发生变更的，需办理代理人名义或地址变更申请。

1. 申请材料

（1）马德里商标国际注册代理人名称或地址变更申请书；

（2）外文申请书（MM10）；

（3）国际注册证复印件。

2. 注意事项

此业务可直接向世界知识产权组织国际局申请办理，也可以通过商标局转递国际局。

（八）马德里商标国际注册续展

马德里商标国际注册的有效期满后，如想继续使用的，应办理续展。《马德里协定》和《马德里议定书》规定，国际注册商标的有效期为 10 年。在有效期届满之前 6 个月，国际局将非正式地通知商标注册人有关续展事宜，包括有效期届满日期。如果注册人未能在有效期届满日前申请续展，国际局会给予 6 个月的宽展期。在宽展期内仍未申请续展的，国际局将注销该国际注册。在上述期限内申请的，商标国际注册有效期得以续展 10 年。

1. 申请材料

（1）马德里商标国际注册续展申请书；

（2）外文申请书（MM11）；

（3）国际注册证复印件；

（4）委托代理人的，应附送代理委托书。

2. 注意事项

续展申请可通过商标局办理，或直接向世界知识产权组织国际局申请办理，或在世界知识产权组织网站上（www.wipo.int）使用 E-renewal 工具进行在线续展。

（九）马德里商标国际注册指定代理人

马德里商标国际注册注册人如需委托新的代理人，可办理指定代理人申请。

1. 申请材料

（1）马德里商标国际注册指定代理人申请书；

（2）外文申请书（MM12）；

（3）国际注册证复印件；

（4）商标代理委托书。

2. 注意事项

商标代理人可直接向世界知识产权组织国际局申请办理，也可以通过商标局向国际局转递申请。若有委托，申请人须通过在商标局备案的商标代理机构办理。

四、国际异议

根据我国《商标法》及《商标法实施条例》的有关规定，对指定中国的领土延伸申请，自世界知识产权组织《国际商标公告》发布的次月 1 日起 3 个月内，符合《商标法》第 33 条规定条件的异议人可以向商标局提出异议申请。如果异议申请人是国内企业法人或者自然人，可以直接或通过商标代理机构向商标局提交异议申请。如果异议申请人是国外的企业或者自然人，则必须委托依法设立的商标代理机构办理。

国际异议申请所需材料主要包括：

（1）马德里商标国际注册异议申请书；

（2）国际注册公告复印件；

（3）异议理由和证据材料；

（4）委托代理人的，应附送代理委托书。

在填写商标国际注册异议申请书时需注意：

（1）若异议人为外国自然人或法人，则异议人名称及地址需用外文填写。

（2）若被异议商标为共同申请的商标，被异议人名称和地址必须填写代表人的名称和地址。

商标国际异议按类别收费，每个类别 500 元。

国际异议受理机构为国家商标局。商标局在驳回期限内将异议申请的有关情况以驳回决定的形式通知国际局。被异议人可以自收到国际局转发的驳回通知书之日起 30 日内进行答辩，答辩书及相关证据材料应当通过依法设立的商标代理机构向商标局提交。

教学与训练任务三 逐一国家注册 >>>

逐一国家注册是指商标注册申请人通过代理人指派当地合作所在指定国家和地区办理商标申请业务。我国商标注册申请人可以到巴黎公约成员国或者与我国签订有商标互惠协议的国家逐一注册。这种方式主要适合需要在不是马德里缔约方的国家申请注册商标。总体而言，如果只是申请某一个国家，逐一国家注册相对于马德里注册而言手续相对简便，但是若针对多个国家申请注册商标，那就不如马德里注册高效了。各个国家的官方语言及注册程序有很大区别，因此逐一国家注册要求代理人具备一定的职业素养和能力。这些基本的能力素养包括：

（1）语言能力。进行逐一国家注册业务，至少需要具备英语的听说读写能力。如果可能，应尽量掌握多门语言，比如除英语外，还会法语、德语或日语等。可以说语言作为一种沟通工具，在商标国际注册业务中是必不可少的，尤其是逐一国家注册业务。

（2）业务沟通协作能力。由于在逐一国家注册业务中，没有原属局、国际局的官方对接环节，代理人需要和对外合作所的工作人员直接沟通，还需要和国外官方当局以及申请人直接沟通，因此代理人必须明晰业务内容。这意味着，代理人除了需要具备良好的涉外业务知识、专业技能外还需要具有一定的业务素养。这些素养在平时的学习工作生活中就应该有意识地去培养、锻炼和积累。

（3）信息处理能力。一个专业的商标代理从业人员，应当具备很好的信息处理能力，这里的处理包括收集和判断。尤其针对国际业务来说，代理人不仅要了解外国的商标法律制度，还要学会信息的整理和收集，包括在申请流程阶段的信息搜集和案件预判，后期商标流程的跟期业务，以及商标维护阶段材料信息的收集和判断。

在逐一国家注册中需要注意，由于每个国家的法律制度不同，因此在商标规费、申请文件和审查制度上都有所区别，在申请的时候需要个案掌握。

逐一国家注册所需文件一般包括：申请人的详细信息，商标名称和商标图样；待申请的商品或服务类别；合法执照或身份证复印件（部分国家要求进行公证或认证）；若有委托需要出示委托书（部分国家要求进行公证或认证）；部分国家要求提供本国的注册证明或国外注册证明。

送达方式可以是邮寄纸质材料，但通常时间较长；也可以是以电子形式送达申请，这种方式由于快捷方便，多被采用。例如，在进行美国的商标注册申请时，就可以登录美国专利商标局（USPTO）官方网站，在线填写申请表和在线提交申请材料。

关于审查标准各国也有所不同。大陆法系国家一般是审查在先申请、商标相同或近似，英美法系国家除了审查在线申请、商标相同或近似外，还要审查使用在先的情况。另外商标是否具有显著性的判断，以及商标与各国的政治、经济、文化的冲突判断也是存在差异的。

关于商标注册有效期，一般大多数国家规定商标的有效期是 10 年。个别国家是 15 年，如加拿大，也有个别国家规定商标有效期为 7 年有效期，如埃塞俄比亚，还有少数国家是 3 年有效期，如缅甸。虽然各国都规定了商标续展制度，但是续展程序也有所不同。比如在东帝汶和缅甸，商标的续展程序和注册程序是一样的。

【实训任务】　请登录商标局官网，下载《马德里国际注册申请表》的英文版本，即 **MM2 表格**。阅读表格内容，自拟背景，以小组形式完成表格内容的翻译和填写工作。

综合项目三　商标非诉讼业务

训练项目一　商标权的转让

学习目标

（1）掌握商标转让的要件与转让限制。
（2）掌握转让申请文书内容。
（3）掌握商标转让流程。

教学与训练任务一　商标转让法律规则　>>>

除了自己使用之外，商标权人还可以将注册商标的使用权转让给他人，也就是"卖掉"注册商标，法律并不禁止。注册商标的转让是指注册商标所有人将其所有的注册商标转让给他人所有。通过转让，受让人成为新的权利主体，原商标权人不再拥有注册商标所有权。商标权的转让实质是商标权主体的变更，是一种双方的法律行为。

商标交易使得商标权转让成为知识产权交易的一个组成部分。根据国家工商行政管理总局商标局、商标评审委员会发布的《中国商标战略年度发展报告（2016）》显示，截至2016年年底，我国商标累计申请2209.4万件，累计注册1450.9万件，有效注册1237.6万件。三大累计数据均破千万。2016年，商标局共审查商标注册申请2999519件，核准注册商标2254945件，同比增长1.28%；办理商标转让申请168935件，同比增长28.98%。这些数据表明，我国商标业务中商标注册申请量节节攀升的同时，商标的转让申请业务也在急速增长。在允许自然人注册商标之前，商标转让大多是因为企业合并、企业倒闭等原因导致商标权利主体的更迭。但是自允许自然人注册商标后，一些人违法囤标，先行注册商标，抢占资源，再适时兜售转让，使得商标转让成为一种投资手段。所以，如何遏制商标恶意注册，规范商标市场，成为各界行业新的课题。

一、商标转让要件

由于注册商标权的转让涉及多方主体的利益，因此注册商标的转让需要符合一定的要件。根据《商标法》第42条第1款和第4款以及《商标实施条例》第31条的规定，注册商标权的转让应当符合下列要求：

（1）转让程序是对商标权的一种处分程序，转让过程中要注意在先权利的问题。转让过程中，涉及的利益相关方包括：被许可人、在先转让未被核准的受让方、已签订协议但未提交转让申请的受让方、对商标权属的争议方。另外在转让过程中还要注意是否存在权利瑕疵，例如，商标权是否存在法院查封、质押等权利限制。因此，转让注册商标的，转让人和受让人应当签订转让协议，在协议中明晰转让方和受让方的具体情况，明确商标权利归属，并共同向商标局提出申请。转让注册商标申请手续应当由转让人和受让人共同办理。商标局核准转让注册商标申请的，发给受让人相应证明，并予以公告。

（2）受让人应当保证使用该注册商标的商品质量。

（3）转让注册商标经核准后，予以公告。受让人自公告之日起享有商标专用权。通过合同转让方式转让注册商标的，不能认为签订商标转让合同时商标权即发生了转移。而是应当在签订商标转让合同后，依法履行了规定的备案登记手续，向商标局提交转让申请书，经商标局核准公告后，转让行为才能生效。我国理论界一般认为，核准公告是注册商标转让合同的生效要件，实务上也是如此操作。但此种做法过度限制了当事人的合同自由，不利于注册商标权的效率最大化利用。为了给注册商标权人提供更多选择机会，促进注册商标权的效率最大化利用，宜将核准公告作为注册商标权转移的要件而不是转让合同的生效要件。转让合同的生效，只要双方当事人达成书面合意即可。虽和注册商标权人签订转让合同但未办理申请、核准公告手续的当事人，只能追究注册商标权人债务不履行的违约责任。

（4）遵循"一并转让"原则，即在同一种或类似商品上注册的相同或者近似商标必须一并转让。未一并转让的，由商标局通知其限期改正；期满未改正的，视为放弃该转让注册商标的申请，商标局应当书面通知申请人。这是因为，如果转让人分割转让近似商标，而这些商标又属于同种或者类似商品，势必会造成不同产品的混淆和不良影响。同理可知，联合商标在转让时，必须一并转让。

（5）已经有在先权利限制的商标，不可随意转让。如果商标已经许可他人使用或者已经出质，除合同另有约定外，在许可期间或者质押期间，商标权人要将商标转让，必须征得在先权利人的同意。转让注册核准后，被许可人仍与受让人保持使用许可关系。

二、商标权转让的原则

商标权转让的原则主要有连同转让原则和自由转让原则两种。

（1）连同转让原则。连同转让原则是指商标注册人在转让注册商标时，必须连同使用该注册商标的企业一并转让，而不能只转让注册商标。实行连同转让原则的国家认为，商标的本质功能是区别商品的来源，是一种识别标记，因此，商标与使用该商标的企业或企业的信誉密切相连，当注册商标与其所属的企业分离时，会引起消费者的误认，并导致该商标的商品质量下降。目前只有少数国家实行连同转让原则。

（2）自由转让原则。自由转让原则是指注册商标人既可以把注册商标连同企业一起转让，也可以将注册商标与企业分离，单独转让其注册商标。实行自由转让原则的国家认为，商标权作为一种无形财产权，可以脱离企业经营而单独转让给其他企业。在商标权人将注册商标与企业经营分开转让时，受让人应当保证使用该注册商标的商品质量。我国《商标法》采用的是自由转让原则。

三、商标转让的形式

注册商标的转让一般有合同转让和继受转让两种形式。

（1）合同转让。合同转让是指转让人通过合同，规定转让注册商标的内容、相互间的权利、义务和违约责任等。这种形式的转让一般是有偿的，即转让人通过转让注册商标专用权而收取一定的转让费用。

（2）继受转让。注册商标的继受转让又称为商标的移转。它主要有两种情况：

1）注册所有人（自然人）死亡即其生命结束后，有继承人按继承程序继承死者生前所有的注册商标。

2）作为注册商标所有人的企业被合并或被兼并时的继受移转。

《商标法实施条例》第32条规定注册商标专用权因转让以外的继承等其他事由发生移转的，接受该注册商标专用权的当事人应当凭有关证明文件或者法律文书到商标局办理注册商标专用权移转手续。

四、可转让商标的类型

根据规定，可转让的商标包括注册商标和注册申请中的商标。转让商标的状态应符合以下条件：

（1）注册商标应在有效期以内。对于处在续展宽展期的商标或尚未提交续展申请的商标不能办理转让。

（2）注册商标未被注销、撤销。

（3）注册商标未被人民法院冻结。

（4）注册商标未在商标局办理过质权登记。

（5）对于申请中的商标，需要确认其申请流程是否已经结束。

以下情形不能转让：全部驳回的且决定已经生效的商标；裁定不予注册的异议裁定已经生效的商标。

实　训

【实训背景】　某化妆品研究中心研制出两种护肤产品，并在这两款研发产品上申请注册商标"容颜驻"和"嫩透白"。随后，该化妆品研究中心与某美妆销售公司签订了"容颜驻"和"嫩透白"两份商标转让合同，但未到商标局登记。美妆销售公司依照两份商标转让合同的约定，付清了商标转让费，并开始使用"容颜驻"和"嫩透白"商标。

【实训任务】　分小组讨论商标转让登记的原则及要件，回顾商标注册登记的内容，完成下面的问题。

（1）"容颜驻"和"嫩透白"能否作为护肤产品商标名称，为什么？

（2）这两份商标转让合同是否有效，为什么？

教学与训练任务二　商标转让事务 >>>

一、商标转让申请材料

商标转让申请需提供以下材料：

（1）转让/移转申请/注册商标申请书。

（2）转让人和受让人的经盖章或者签字确认的主体资格证明文件复印件。

（3）委托商标代理机构办理的，提交转让人和受让人出具的代理委托书；直接在商标注册大厅办理的，提交双方经办人的身份证原件和复印件（原件经比对后退还）。

（4）申请移转的，还应当提交有关证明文件或者法律文书。

（5）申请文件为外文的，还应提供经申请人或代理组织签章确认的中文译本。

办理转让商标申请，受让人为自然人的，准备材料时应注意下列事项：

（1）个体工商户可以以其《个体工商户营业执照》登记的字号作为受让人名义提出商标转让申请，也可以以执照上登记的负责人名义提出商标转让申请。以负责人名义提出申请时应提交以下材料的复印件：

1）负责人的身份证；

2）营业执照。

（2）个人合伙可以以其《营业执照》登记的字号或有关主管机关登记文件登记的字号作为受让人名义提出商标转让申请，也可以以全体合伙人的名义共同提出商标转让申请。以全体合伙人的名义共同提出申请时应提交以下材料的复印件：

1）合伙人的身份证；

2）营业执照；

3）合伙协议。

（3）农村承包经营户可以以其承包合同签约人的名义提出商标转让申请，申请时应提交以下材料的复印件：

1）签约人身份证；

2）承包合同。

（4）其他依法获准从事经营活动的自然人，可以以其在有关行政主管机关颁发的登记文件中登载的经营者名义提出商标转让申请，申请时应提交以下材料的复印件：

1）经营者的身份证；

2）有关行政主管机关颁发的登记文件。

（5）办理转让商标申请，受让人为自然人的，商标转让申请的商品和服务范围，应以受让人在营业执照或有关登记文件核准的经营范围为限，或者以其自营的农副产品为限。

新版个体工商户营业执照复印件的商标转让申请文件，如在商标注册大厅自行办理的，应同时提交经受让人签字或盖章确认真实有效的、从登记机关指定网站下载打印的关于经营范围的证明材料；如通过商标代理组织委托代理，应同时提交经商标代理组织盖章确认真实有效的、从登记机关指定网站下载打印的关于经营范围的证明材料。

对于自然人受让人不符合上述规定的商标转让申请，商标局不予受理并书面通知申请人。

申请人提供虚假材料取得商标权的，由商标局撤销核准商标转让。

办理商标转让时，转让人死亡或终止，材料准备应注意以下事项：

（1）办理商标转让的，如果转让人不能盖章，受让人应提交其有权接受该商标的证明文件或者法律文书。

（2）企业因合并、兼并或者改制而发生商标移转的，应提交合并、兼并或者改制文件和登记部门出具的证明。合并、兼并或者改制文件应证明商标权由受让人继受，登记部门应证明原注册人与受让人的关系、原注册人已经不存在的现实状态。

（3）因法院判决而发生商标移转的，应提交法院出具的法律文书，法律文书上的被执行人名称和接受该注册商标专用权的企业名称应当与申请书中的转让人名称和受让人名称相符。

（4）商标权人为自然人，其死亡后，受让人办理移转手续时应提交继承该商标的法律文书。

申请转让的商标是共有商标，准备材料应注意下列事项：

（1）商标由一个人所有转让为多个人共有的，在填写转让申请书时，受让人名称和地址的栏目应当填写代表人的名称和地址，受让人章戳处加盖代表人印章，其他共有人的名称应填写在附页的转让后其他共有人名义列表中，并加盖印章，其他共有人的地址不需填写。

（2）商标由多个人共有转让为一个人所有的，在填写转让申请书时，转让人名称和地址的栏目应填写原代表人的名称和地址，转让人章戳处加盖原代表人印章；受让人名称和地址填写在相应的栏目中，并加盖印章。原其他共有人的名称应填写在附页的转让前其他共有人名义列表中，并加盖印章，原其他共有人的地址不需填写。

（3）因共有商标的共有人发生改变（包括共有人的增加或减少）而申请转让的，在填写申请书时，应将原代表人的名称和地址填写在申请书的转让人名称和地址的栏目中，转让人章戳处加盖原代表人印章，原其他共有人的名称填写在附页的转让前其他共有人名义列表中，并加盖印章；申请书的受让人名称和地址栏目应填写转让后的代表人名称和地址，受让人章戳处加盖转让后的代表人印章，转让后的其他共有人名称应填写在附页的转让后其他共有人名义列表中，并加盖印章。附页列表中不需填写其他共有人的地址。

申请转让的商标是集体商标、证明商标的，除申请书外，还应提交以下书件：

（1）集体商标转让需提交商标转让合同、集体成员名单、受让主体资格证明文件复印件和商标使用管理规则。

（2）证明商标转让需提交商标转让合同、受让主体资格证明文件复印件、受让人检测能力证明和商标使用管理规则。

（3）地理标志、集体商标、证明商标转让需提交商标转让合同、受让资格证明文件复印件、地方政府或主管部门同意该地理标志转让的批复、受让人监督检测能力的证明和商标使用管理规则。

二、商标转让的审查

2016年4月起商标局和商标评审委员会委托商标审协中心承担商标流程服务以及商标评审的辅助性工作。在京外设立商标审查协作中心，是国家市场监管总局和国家知识产权局推进商标注册、评审相关事务便利化改革的一项重要举措。目前上海、广州、重庆、济南等地已设立商标审查中心。审查工作以对申请材料的书面审查为主；重点审查申请材料的完备性、规范性和一致性；从申请文件来印证申请人的身份真实性；以申请时间先后进行审查，随机分配，保证公平。

商标转让申请过程中应当注意以下几个问题：

（1）2013 年《商标法》及 2014 年《商标实施条例》修订后，对商标转让程序进行了修改。根据《商标法》第 42 条及《商标实施条例》第 31 条规定，转让人和受让人在办理商标转让业务时，应当双方共同向商标局提出申请。

（2）注册商标专用权移转的，注册商标专用权人在同一种或者类似商品上注册的相同或者近似的商标，应当一并移转；未一并移转的，由商标局通知其限期改正；期满未改正的，视为放弃该移转注册商标的申请。

（3）商标转让审查范围：重点审查商标转让相关文书，保障申请文件的一致性。申请人对申请文件真实性负责。

转让申请受理后，商标局将对转让申请是否符合法定条件进行审查，审查内容主要包括：

（1）双方民事主体资格；

（2）商标权利的有效性；

（3）相同或近似商标是否一并转让；

（4）转让是否可能产生误认、混淆或其他不良影响。

经实质审查，转让申请符合规定的，商标局予以核准。

（1）对于注册商标的转让，商标局会核发转让核准证明，该证明应当与原注册证一并使用。

（2）对于申请中的商标的转让，商标局会核发转让核准通知，当商标通过初步审查后，会直接以受让人名义进行公告并核发注册证明。

（3）对注册商标和已公告商标的转让商标局会另行予以公告，受让人自公告之日起享有商标专用权。受让人在取得商标专用权之后才能提出再次转让申请。转让商标申请权的，受让人在取得核准转让通知书之后才能提出再次转让申请或办理补发注册证手续。

（4）申请人对商标局驳回其注册商标转让申请的复审。申请人对商标局驳回其注册商标转让申请不服的，可以在收到驳回通知之日起 15 天内，向商标评审委员会递送"驳回转让复审申请书"一份申请复审，同时附送原"转让注册商标申请书"，由商标评审委员会作出裁定。

商标转让申请流程见图 3-1。

三、商标转让合同

基于合同的商标转让申请，商标局不要求必须出具转让合同。但是为了更好地维护双方的权利，商标转让合同的签署十分必要。转让合同应当包括以下主要条款：

（1）转让人和受让人的详细情况。

（2）被转让商标的基本情况，包括商标图样、名称、申请或注册日期、商标效力、是否存在在先权利。

（3）转让费用及支付方式。

（4）合同生效方式及生效时间。

（5）双方违约责任。

（6）争议解决方式。

（7）转让人和受让人签字盖章、合同签约日期。

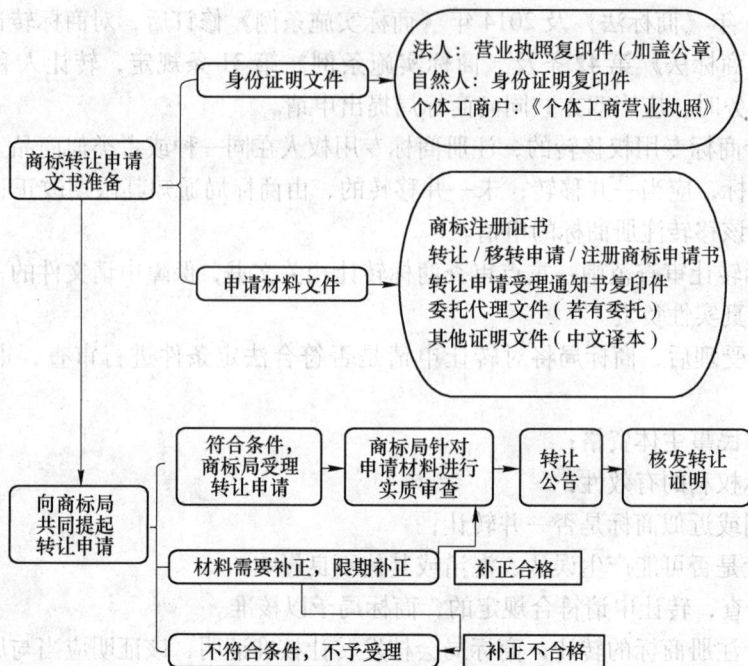

图 3-1　商标转让申请流程

实　训

【实训任务】　主营电子产品的北京嘉信股份有限公司（以下简称转让人），有几件2012 年 8 月份注册的商标，在其注册商标有效期内。2013 年 5 月该公司决定将与公司业务无关的名为"雪味"的食品类商标系列共 5 件，以合同转让的形式转让给北京弗莱食品股份有限公司（以下简称受让人）。转让事宜交由知识产权代理公司（以下简称代理公司）负责。代理费 800 元/件。思考并完成以下任务：

（1）结合课程所学内容，阅读《商标法》、《商标法实施细则》和国家工商总局商标局的网站关于商标转让申请的业务规定。

（2）根据背景资料，制作一份《北京嘉信股份有限公司商标转让方案设计书》，内容应包括双方洽谈方案、商标转让流程说明、商标转让合同、商标转让申请书等文书内容，并完成其他相应的商标转让申请所需的文件。

训练项目二　商标的许可使用

学习目标

掌握注册商标使用许可的形式、许可使用合同的内容、许可使用法律事务流程等内容。

教学与训练任务一　商标许可使用法律规则 >>>

一、商标许可使用的概念及意义

（一）商标许可使用的概念

商标的许可使用是指商标权人通过签订使用许可合同，许可他人使用其注册商标的行为。在使用许可关系中，商标权人为许可人，获得注册商标使用权的人为被许可人。商标的许可使用，被许可人只取得了注册商标的使用权，注册商标的所有权仍归属与商标权人。

比如，我们身边常见的肯德基快餐店，实际上中国并没有一家叫做"肯德基餐饮有限公司"的企业，而是叫做"百胜餐饮管理有限公司"。具体而言，它和麦当劳、汉堡王类似，都是个人或企业（比如路人甲）向母体企业（比如百胜）提出加盟申请，经过一系列的磋商和考察之后，母体企业允许路人甲在某个特定的地点开设一家肯德基快餐店，经营标准化的快餐，同时，使用"肯德基"、"KFC"的招牌和商标，但商标的所有权依然还是在母体企业手中，只是有条件、有期限地允许加盟者使用。

（二）商标许可使用的意义

商标许可使用是商标实现商业价值的一种重要方式，是商标权人的一项重要权利。通过商标的许可使用可以给商标权人带来丰厚的经济收入，也可以扩大品牌的市场影响力，有利于商标权人开拓品牌市场。因此，商标的许可使用制度，可以使得商标在市场经济活动中更充分的展现其魅力和价值。

二、商标许可使用的方式

商标许可使用最常见的方式是通过合同方式确立使用许可关系。根据许可权限、许可内容以及被许可人在商标侵权诉讼的不同诉讼地位，商标使用许可通常可以分为以下三种类型：

（1）独占使用许可。商标的独占使用许可是指商标注册人在约定的期间和地域，以约定的方式将注册商标权许可一个被许可人使用，商标注册人依约定不得使用该注册商标。

独占使用许可的情况下，除了被许可人，谁都无权再使用，包括专利权人自己，因此这是最严格的一种商标权许可方式。被许可人有绝对的独占使用权利，被许可人的商标使用权具有与商标注册人的商标专用权同等的法律地位。在发生商标专用权的侵权行为时，独占使用许可合同的被许可人可以以自己的名义，向工商部门投诉或者向人民法院提起诉讼。

（2）排他使用许可。商标的排他使用许可是指商标注册人在约定的期间和地域，以约定的方式将注册商标权许可一个被许可人使用，商标注册人依约定可以使用该注册商标。但是，商标注册人不得再将商标许可他人另行使用。当商标权利受到侵害时，排他使用许可合同的被许可人可以和商标注册人共同起诉，也可以在商标注册人明确不起诉的情况下，自行提起诉讼。

（3）普通使用许可。商标的普通许可是最常见的一种许可方式，是指商标注册人在约定的期间和地域，以约定的方式，将注册商标权许可他人使用其注册商标，并且商标注册人还可自行使用该注册商标和许可第三人使用其注册商标。在商标的普通使用许可模式下，商标权人准许使用者使用特定商标，但并不承诺只授权一个使用者，当商标权利受到侵害时，普通使用许可合同的被许可人只有经商标注册人明确授权后才可以提起诉讼。

根据《最高人民法院关于审理商标民事纠纷案件适用法律若干问题的解释》第 4 条的规定可知，商标许可使用民事法律活动主体包括注册商标使用许可合同的被许可人、注册商标财产权利的合法继承人等。不同的许可方式会导致被许可人在发生注册商标专用权被侵害时的诉讼地位的不同。独占使用许可合同的被许可人可以向人民法院直接提起诉讼；排他使用许可合同的被许可人可以和商标注册人共同起诉，也可以在商标注册人不起诉的情况下，自行提起诉讼；普通使用许可合同的被许可人必须经商标注册人明确授权，方可提起诉讼。

三、商标许可使用合同备案效力

根据规定，商标使用许可人应当在许可合同有效期内向商标局备案并报送备案材料。商标许可使用合同的备案目的，是通过公示商标许可的信息，包括许可范围及被许可人信息，从而赋予被许可人对抗第三人的效力，同时也有助于被许可人避免因商标注册人随意处分注册商标或重复许可他人使用而带来的损失。虽然商标许可使用合同未经备案的，不影响许可合同的效力，但当事人另有约定的除外。商标许可使用合同未在商标局备案的，不得对抗善意第三人。在这里善意第三人包括：商标受让人、商标质权人、商标被许可人以及商标继受人。

另外需要注意的是，注册商标的转让不影响转让前已经生效的商标许可使用合同的效力，但商标使用许可合同另有约定的除外。

四、商标许可使用期限

在签订商标许可使用合同时，被许可人应充分考查许可商标的注册情况，被许可商标应处于有效期内，且许可时间不可超过商标的剩余有效期。例如，一个商标注册时间是2015 年，在 2018 年要进行使用许可授权，因商标的一次注册有效期间为 10 年，则该商标的合同许可时间不可超过 7 年。

五、当事人的主要权利和义务

在商标许可使用合同条款中应明确法律规定的当事人双方的权利和义务。《商标法》第 43 条规定，商标注册人可以通过签订商标许可使用合同，许可他人使用其注册商标。许可人应当监督被许可人使用其注册商标的商品质量。被许可人应当保证使用该注册商标的商品质量。经许可使用他人注册商标的，必须在使用该注册商标的商品上标明被许可人的名称和商品产地。该条款明确划分了当事人双方对商品质量所负有的责任。

（一）许可人的权利和义务

对于许可人来说，商标质量控制就是监督被许可人的品牌使用情况，这既是一项权利，又是一项义务。许可他人使用商标意味着把品牌的商业名誉赋予被许可人，然后消费者通过品牌慕名而来，成为市场终端用户。因此，许可人不可推卸的义务就是保障被许可人的商品质量。要实现对被许可人的质量监控，则要通过对被许可人各方面的综合考量来完成，这也是行使权利的过程。许可人应对被许可人的法人资格、生产能力、经营管理、产品质量等的综合考察和测评，未达到品牌标准的，不能授予其商标使用权。

（二）被许可人的权利和义务

对于被许可人而言，要实现质量控制就需要履行被许可义务，保证商标质量，保证不出现因商品质量问题或因商标不当使用而给许可人造成利益损害。被许可人的产品若达不到许可使用的商标商品质量，许可人有权终止合同，收回商标许可使用权。当然，若被许可人一直良善经营，产品达到要求，其合法使用行为也就是其权利的实现。

实　训

【实训任务】　A 公司从事快餐服务，并注册有"蓝色快车"商标。该公司经过有效经营，在当地打响了品牌，店里的生意十分火爆，吸引了众多的投资商想要加盟蓝色快车餐饮。经过多次洽谈，A 公司与 B 公司签订了蓝色快车商标许可使用合同。合同约定 A 公司将其在国内拥有合法许可使用权蓝色快车商标许可给 B 公司使用，并规定了使用期限以及许可使用费用及付费方式；B 公司保证使用本商标所有商品质量，A 公司有权对 B 公司使用其申请注册商标的商品进行质量监督。许可合同签订后，双方并未到商标局进行备案登记。后来，A 公司由于疏于管理，卫生情况不达标准，被卫生部多次下令整改，原来火爆的生意局面一去不复返。这导致 B 公司经营的加盟店也生意冷清。再后来，A 公司在未告知 B 公司的情况下，将蓝色快车商标转让给他人。思考并完成以下问题：

（1）A 公司和 B 公司签订的商标许可使用合同是否生效？

（2）若该使用合同未注明许可使用方式的情况下，是否属于独占许可使用？

（3）B 公司可否向 A 公司主张侵权？

（4）A 公司将其注册商标私自转让，B 公司应如何行使权利？

教学与训练任务二　商标许可使用事务　》》》

一、商标许可使用前期准备

在进行商标许可使用行为前，当事人双方都应当做好各项工作的准备。对于商标许可人来说，应当对受让人的各项资质进行调研，并且确保欲许可使用商标的有效性，制定切实可行的商标许可使用方案。对于商标被许可人来说，也应当对许可商标权利人及其商标的使用情况进行调研，并且为商标的未来使用情况做好预期。

二、商标许可使用备案申请材料准备

根据不同的商标许可使用事由，商标许可使用备案登记表有四种：商标使用许可备案表、变更许可人／被许可人名称备案表、商标使用许可提前终止备案表、撤回商标使用许可备案表。申请人应根据办理的具体事项填写相应的备案表。

相关书式在中国商标网站（http：//sbj. saic. gov. cn/sbsq/）均可下载。

（一）不同商标许可使用事由需提交的文书材料

（1）报送商标使用许可备案或者再许可备案的，提交以下书件：

1）商标使用许可备案表；

2）许可人和被许可人的身份证明文件复印件；

3）再许可的，还需报送注册人同意注册商标使用再许可授权书；

4）委托商标代理机构办理的，提交代理委托书。

（2）报送变更许可人或被许可人名称备案的，提交以下书件：

1）变更许可人／被许可人名称备案表；

2）变更后的身份证明文件复印件；

3）有关登记机关出具的变更证明文件，变更证明可以是登记机关变更核准文件复印件或登记机关官方网站下载打印的相关档案。

（3）报送商标使用许可提前终止备案的，提交以下书件：

1）商标使用许可提前终止备案表；

2）许可人和被许可人的身份证明文件复印件。

（4）报送撤回商标使用许可备案的，提交以下书件：

1）撤回商标使用许可备案表；

2）许可人和被许可人的身份证明文件复印件；

3）委托商标代理机构办理的提交代理委托书。

（二）提交材料注意事项

（1）备案表应当打字或印刷。填写人应仔细阅读填写说明，按照规定填写，不得修改格式。

（2）许可人应当在许可合同有效期内向商标局备案并报送备案材料。一个注册号对应一份备案表。

（3）一份备案表许可人只能许可一个被许可人使用注册商标。共有商标的，许可人的代表人和其他共有许可人均需提交身份证明文件复印件。

（4）商标使用许可在商标局未予以备案前可以撤回。撤回商标使用许可备案需许可人、被许可人双方同意。变更许可人或被许可人名称，商标使用许可提前终止备案不予撤回。

（三）商标许可使用合同

商标许可使用合同应包括以下内容：

（1）许可人和被许可人的详细情况；

（2）被许可商标的基本情况，包括商标图样和名称、申请或注册日期、商标效力、是否存在在先权利；

（3）付酬标准及支付方式；

（4）合同生效方式及生效时间；

（5）双方违约责任；

（6）争议解决方式；

（7）当事人签字盖章、合同签约日期。

三、商标许可使用备案登记流程

（1）准备申请书件。

（2）熟悉办理途径：申请注册商标使用许可备案、变更许可人或被许可人名称备案、商标使用许可提前终止备案、撤回商标使用许可备案有两条途径：一是委托在商标局备案的商标代理机构办理；二是申请人自行办理。但无论是哪种途径，都可以通过以下方式进行办理：

1）直接到商标局商标注册大厅办理。

2）直接到商标局驻中关村国家自主创新示范区办事处办理。

3）直接到商标审查协作中心办理。

4）通过网上系统提交注册商标许可申请。

（3）提交申请文书，申请人直接办理的，在商标注册大厅的申请受理窗口直接提交备案书件；委托商标代理机构办理的，由该商标代理机构将备案书件报送商标局。

1）报送商标使用许可备案后，对符合受理条件的，商标局予以受理并书面通知许可人；不符合受理条件的，商标局不予受理，书面通知许可人并说明理由；需要补正的，商标局通知许可人予以补正，许可人自收到通知之日起 30 日内，按照指定内容补正并交回商标局。期满未补正的或者不按照要求进行补正的，商标局不予受理并书面通知许可人。

2）符合《商标法》、《商标法实施条例》规定的，商标局予以备案并书面通知许可人。

3）不符合《商标法》、《商标法实施条例》规定的，商标局不予备案，书面通知许可人并说明理由。需要补正的，商标局通知许可人予以补正，许可人自收到通知之日起 30 日内，按照指定内容补正并交回商标局。期满未补正的或者不按照要求进行补正的，商标局不予备案并书面通知许可人。

4）直接办理的，商标局将相应文件通过邮寄、直接递交或者其他方式送达许可人；委托商标代理机构的，文件送达商标代理机构。

（4）缴纳规费：办理商标使用许可备案按类别收费，一个类别受理费为 150 元人民币。直接办理的，在商标注册大厅的缴费窗口直接缴纳；委托商标代理机构办理的，商标局从该商标代理机构的账户中扣除规费。

实　训

【实训任务】　猪八戒医药科技有限公司建于 2017 年 5 月，法定代表人为天蓬元帅。该公司是集科研、生产、销售为一体的专业医疗器械公司，同时与多家大型医院开展产品的应用研究。该公司拥有自主知识产权，注册商标为"星星点灯"，有一定的市场影响力。

现孙悟空医药科技有限公司找到猪八戒科技有限公司，欲与其进行商务合作，购买其注册商标的使用权。双方基于业务需要，以及公司规模的扩展，洽谈后欲进行注册商标的使用许可合作。

思考并完成以下任务内容：

（1）结合课程所学内容，阅读《商标法》、《商标法实施细则》和国家工商总局商标局的网站关于商标许可使用的流程业务及相关法律规定。

（2）根据背景资料，制作一份《商标许可使用洽谈方案设计书》，内容应包括双方洽谈方案、商标许可使用工作流程说明、商标许可使用合同、商标许可使用申请书等文书内容以及其他相应的商标许可使用所需的文件。

训练项目三　商标权的质押

学习目标

（1）掌握商标权质押的法律属性。

（2）掌握商标权质押合同的内容。

（3）掌握商标权质押登记的法律事务流程等内容。

教学与训练任务一　商标权质押的法律规则 >>>

一、商标权质押的法律属性

随着知识产权法律地位的确立，无形资产作为企业发展的重要资产，其作用已越来越为广大企业及社会各界所重视，以商标权、专利等无形资产进行质押融资的工作如火如荼地开展。商标权权利质押的实现，发挥了商标专用权无形资产的价值，促进了市场经济的发展。商标权质押是一种权利质权，主要是指商标权人将其注册商标向金融机构出质，用来贷款融资的一种法律行为。

谈到商标权质押，我们需要适当了解一下担保物权的内容。担保物权，即物保，相较于人保和金钱担保而言是最复杂的一种担保方式。物保包括抵押权、质押权、留置权。担保物权具有担保的作用，以实现价值交换。其中，质押权是指为担保债权的履行，债务人或第三人将其动产或权利移交债权人占有，以成立的担保物权。权利也就是质权的标的，也称为权利质权，所以商标权可以实现权利质押。

二、商标权质押的相关法律规定

《中华人民共和国担保法》（以下简称《担保法》）第 75 条第 3 款中规定，依法可以转让的商标专用权、专利权、著作权中的财产权可以质押。该条款为商标专用权质押提供了明确的法律依据。

《担保法》第 79 条规定，以依法可以转让的商标专用权、专利权、著作权中的财产权出质的，出质人与质权人应当订立书面合同，并向其管理部门办理出质登记。质押合同自登记之日起生效。

此外，和商标质押有关的法律法规还有《企业动产抵押物登记管理办法》、《注册商标专用权质押登记程序规定》，它们都对商标专用权质押的有关问题作了明确规定。

三、商标权质押合同登记备案效力

根据《担保法》第79条以及《注册商标专用权质押登记程序规定》第2条"自然人、法人或者其他组织以其注册商标专用权出质的，出质人与质权人应当订立书面合同，并向商标局办理质权登记。质权登记申请应由质权人和出质人共同提出。"可知，对商标专用权的出质，出质人与债权人应当订立书面合同。出质人与债权人订立书面质押合同之后，该质押合同不当然生效，还需要向各自管理机关办理出质登记，质押合同自登记之日起生效。这里的"管理机关"是指商标专用权、专利权、著作权的管理机关。具体地说，依照《商标法》第2条的规定，国务院工商行政管理部门商标局是商标专用权的管理机关。

四、商标局不予质押登记的情形

商标局不予质押登记的情形主要有以下几种：

（1）出质人名称与商标局档案所记载的名称不一致，且不能提供相关证明证实其为注册商标权利人的。

（2）合同的签订违反法律法规强制性规定的。

（3）商标专用权已经被撤销、被注销或者有效期满未续展的。

（4）商标专用权已被人民法院查封、冻结的。

（5）其他不符合出质条件的。

五、商标局撤销商标质押登记的情形

商标撤销商标质押登记的情形主要有以下几种：

（1）发现有属于商标局不予登记情形之一的。

（2）质权合同无效或者被撤销。

（3）出质的注册商标因法定程序丧失专用权的。

（4）提交虚假证明文件或者以其他欺骗手段取得商标专用权质权登记的。

实 训

【实训背景】 2007年6月19日至2008年3月12日期间，苏格兰银行与北京太子奶公司、湖北太子奶公司、株洲太子奶公司共同签订编号为CH2007056、CH2007056A、CH2007056B的授信函及其修改函，约定由苏格兰银行向北京太子奶公司、湖北太子奶公司和株洲太子奶公司提供金额为1.5亿元人民币（以下币种未特别注明的，均为人民币）的贷款授信额度，北京太子奶公司、湖北太子奶公司和株洲太子奶公司对贷款承担连带责任。

2007 年 6 月 29 日，苏格兰银行向北京太子奶公司发放贷款 1.5 亿元，该循环贷款至 2008 年 7 月 30 日到期。该笔贷款到期后，借款人和担保人均未按约定偿还贷款本息。

2008 年，北京太子奶公司、株洲太子奶公司、成都太子奶公司分别与苏格兰银行签订编号为 EHT2008003、EHT2008002、EHT2008004 的机器设备抵押合同，以各自名下机器设备对授信函及其修改函下的债务提供抵押担保，并将抵押物详列清单，同时分别到北京市工商行政管理局密云分局、株洲市工商行政管理局、成都市温江区工商行政管理局办理了相应的动产抵押登记。

2008 年，湖南太子奶公司与苏格兰银行签订编号 EHT2008005 的商标专用权质押合同，湖南太子奶公司以编号为 1999180 的"太子"和编号为 1999182 的"太子 TAIZI"商标专用权对授信函及其修改函下全部债务提供质押担保。但该商标质押合同未在国家商标管理部门办理登记。

2008 年 9 月 11 日，李某向苏格兰银行出具一份保函，保证对授信函及其修改函引起的全部债务承担连带责任。

2008 年 12 月，苏格兰银行向原审法院提起诉讼。

【实训任务】　根据背景资料信息，结合所学内容，以小组形式，对以下问题展开讨论。

（1）苏格兰银行与北京太子奶公司之间的借款合同的效力如何？

（2）湖北太子奶公司、株洲太子奶公司、李某对北京太子奶公司的债务是否应承担担保责任以及连带清偿责任？

（3）湖南太子奶公司与苏格兰银行签订商标专用权质押合同，以其"太子"和"太子 TAIZI"商标专用权对授信函及其修改函下全部债务提供质押担保，该商标质押合同的效力如何？

教学与训练任务二　商标权质押登记事务

一、商标权质押登记准备材料

自然人、法人或者其他组织以其注册商标专用权出质或办理与质押登记有关的业务时，应根据业务需求提交不同的审核文件，申请人填写的地址、邮政编码和电话号码应详细准确，以便于联系。需要注意的是，提交文件为外文的，应当同时提交其中文译文。中文译文应当由翻译单位和翻译人员签字盖章确认。

（1）申请注册商标专用权质权登记的，出质人与质权人应当订立书面合同，并向商标局办理质权登记，且应提交下列文件：

1）申请人签字或者盖章的"商标专用权质权登记申请书"。

2）出质人、质权人的主体资格证明或者自然人身份证明复印件。

3）主合同和注册商标专用权质权合同。

4）直接办理的，应当提交授权委托书以及被委托人的身份证明；委托商标代理机构办理的，应当提交商标代理委托书。

5）出质注册商标的注册证复印件。

6）出质商标专用权的价值评估报告。如果质权人和出质人双方已就出质商标专用权的价值达成一致意见并提交了相关书面认可文件，申请人可不再提交。

7）其他需要提供的材料。

（2）申请质权人或出质人的名称（姓名）更改，以及质权合同担保的主债权数额变更的，提交如下文件：

1）申请人签字或者盖章的"商标专用权质权登记事项变更申请书"。

2）出质人、质权人的主体资格证明或者自然人身份证明复印件。

3）有关登记事项变更的协议或相关证明文件。

4）原商标专用权质权登记证。

5）授权委托书、被委托人的身份证明或者商标代理委托书（若有委托）。

6）其他有关文件。

出质人名称（姓名）发生变更的，还应按照《商标法实施条例》的规定在商标局办理变更注册人名义申请。

办理质权登记事项变更申请后，由商标局在原商标专用权质权登记证上加注发还，或者重新核发商标专用权质权登记证。

（3）申请质权延期登记的，提交如下文件：

1）申请人签字或者盖章的"商标专用权质权登记期限延期申请书"。

2）出质人、质权人的主体资格证明或者自然人身份证明复印件。

3）当事人双方签署的延期协议。

4）原商标专用权质权登记证。

5）授权委托书、被委托人的身份证明或者商标代理委托书（若有委托）。

6）其他有关文件。

办理质权登记期限延期申请后，由商标局在原商标专用权质权登记证上加注发还，或者重新核发商标专用权质权登记证。

（4）申请注销专用权质权登记的，提交如下文件：

1）申请人签字或者盖章的"商标专用权质权登记注销申请书"。

2）出质人、质权人的主体资格证明或者自然人身份证明复印件。

3）当事人双方签署的解除质权登记协议或合同履行完毕凭证。

4）原商标专用权质权登记证。

5）授权委托书、被委托人的身份证明或者商标代理委托书。

6）其他有关文件。

质权登记期限届满后，该质权登记自动失效。

二、商标权质押合同

办理注册商标专用权质权登记，出质人应当将在相同或者类似商品/服务上注册的相同或者近似商标一并办理质押登记。质押合同和质押登记申请书中应当载明出质的商标注册号。质押合同所定期限，不得超过质押商标的注册期限。出质的注册商标为多件时，质押合同所定期限最好不超过提交质押申请时专用权最先到期的商标的专用权期限。注册商标专用权质押合同一般包括以下内容：

（1）出质人、质权人的姓名（名称）及住址；

（2）被担保的债权种类、数额；

（3）债务人履行债务的期限；

（4）出质注册商标的清单（列明注册商标的注册号、类别及专用期）；

（5）担保的范围；

（6）当事人约定的其他事项。

主合同和注册商标专用权质押合同必须有法定代表人签字，非法定代表人签字的，需要附送该人员签署合同的特别授权文件。

三、商标权质押登记流程

（1）确定办理途径。申请注册商标专用权质权的登记、变更、延期以及注销有两条途径：委托在商标局备案的商标代理机构办理；申请人自行办理。申请人直接办理的，在商标注册大厅的申请受理窗口直接提交申请文件；委托商标代理机构办理的，由该商标代理机构将申请文件报送商标局。

（2）准备需要提交的相关文书材料，商标局进行审核。在填写商标专用权质权登记申请书时，应按照申请书上的要求逐一填写，且必须是打印或者印刷形式，出质多件商标的，在一份申请书中列明，相同、近似的商标必须一并出质。商标专用权质押登记申请书应加盖出质人和质权人双方的印章，或有出质人、质权人的签字，委托代理人的，还应加盖代理人的章戳。

（3）领取商标专用权质权登记证申请登记书件齐备、符合规定的，商标局予以受理。受理日期即为登记日期。商标局自登记之日起5个工作日内向双方当事人发放商标专用权质权登记证。商标专用权质权登记证中载明出质人和质权人的名称（姓名）、出质商标注册号、被担保的债权数额、质权登记期限、质权登记日期。

出质人、质权人遗失商标专用权质权登记证的，应及时向商标局提出补发登记证申请，由商标局予以补发。

商标专用权质权登记证可以直接到商标局领取，也可以邮寄。直接领取的，由办理质权登记的经办人或其授权的人领取，领证人应携带本人的身份证和有关授权文件。如果是委托商标代理机构办理的，商标局将商标专用权质权登记证邮寄或发给该商标代理机构。

实　训

【实训任务】　A企业合法取得注册商标"瓷恋"的专用权，核准使用在第45类单一服务的婚礼服务上。经过多年经营，由于其婚礼一条龙服务贴心、周到，价格合理，瓷恋品牌备受消费者喜爱。2017年6月，A企业和B企业商议，由A企业以"瓷恋"注册商标专用权出资，B以现金出资，共同设立一个全新的婚庆公司，提供高端化、国际化、精细化的婚礼服务。经评估机构评估，"瓷恋"注册商标价值100万元。在新公司成立初期，由于发展业务资金所缺，A企业和B企业决定以注册商标"瓷恋"商标专用权质押向银行申请贷款。思考并完成以下问题：

（1）结合课程所学内容，阅读《商标法》、《商标法实施细则》和国家工商总局商标局的网站关于商标权质押登记的流程业务及相关法律规定。

（2）A企业以"瓷恋"商标出资应当履行哪些法律手续？

（3）A企业以"瓷恋"商标专用权质押需要履行哪些法律手续？

训练项目四　　驰名商标的认定与保护

学习目标

（1）掌握驰名商标的概念。

（2）掌握驰名商标的认定机构和认定标准。

（3）掌握对驰名商标的保护情况。

教学与训练任务一　　驰名商标的认定

一、驰名商标的概念

驰名商标又称为周知商标，是国际通用的法律术语，指为相关公众广为知晓并具有较高声誉的商标。驰名商标是知识产权领域重要的法律概念。在国际上，《保护工业产权巴黎公约》和《与贸易有关的知识产权协议》都对驰名商标的保护进行了相关规定。我国的《商标法》及《商标法实施条例》以法律的形式明确了驰名商标认定和保护的问题。但需要注意的是，《商标法》中并没有"中国驰名商标"这一概念。实际上，迄今为止，国际社会对驰名商标也没有一个非常严谨的定义。

但是，根据《驰名商标认定和保护规定》第2条定义的"驰名商标是指在中国为相关公众广为知晓并享有较高声誉的商标"和《最高人民法院关于审理涉及驰名商标保护的民事纠纷案件应用法律若干问题的解释》关于"驰名商标是指在中国境内为相关公众广为知晓的商标"的定义可知，驰名商标即在中国境内为相关公众广为知晓并享有较高声誉的商标，经我国有权机关依法认定为驰名商标的，在我国作为驰名商标依法得到扩大保护。

为了规范和加强驰名商标的市场使用，2013年《商标法》进行的第三次修改中，对商标的认定和保护做了进一步的完善。

二、驰名商标的特征

由于驰名商标具有巨大的市场经济价值，因此它除了一般商标所具有的特征外，还有其独特之处。

（1）驰名商标具有很高的市场知名度。由于驰名商标的产品或服务的品质稳定，企业商业信誉良好，在市场又通常享有比较好的口碑以及相对成熟的终端客户群体，所以驰名商标的市场知名度高于普通商标。

（2）驰名商标的企业文化背景深厚。通常驰名商标所有者的企业文化历史悠久，有较长的企业文化积淀，正是由于这种文化沉积，驰名商标的市场影响力高于普通商标。

（3）驰名商标的市场经济价值巨大。一枚驰名商标综合其市场知名度以及企业赋予其所承载的文化价值，产生巨大的经济价值。

（4）驰名商标的保护机制特殊。已注册的驰名商标可以实行跨类保护；未注册的驰名商标可以禁止他人使用和注册。驰名商标的认定采取被动认定，而且必须由国家法律规定的机关来认定，通过民间组织或自封的驰名商标，没有任何法律效力。

三、驰名商标的认定标准

（一）世界知识产权组织对驰名商标的认定标准

随着经济全球化进程的加快，进一步加强对驰名商标的保护受到各国重视。在世界知识产权组织的主持下，保护工业产权巴黎联盟成员国各国专家先后六次专门讨论驰名商标的保护问题。1999 年 7 日至 12 日在瑞士日内瓦举行第二次会议第二部分讨论时，形成了一个关于驰名商标保护建议的最终文本，即《关于驰名商标保护规定的联合建议》（以下简称《联合建议》），该《联合建议》于当年 9 月由保护工业产权巴黎联盟及世界知识产权组织大会通过。该《联合建议》第 2 条对驰名商标的认定标准提出以下建议：

（1）在认定商标是否驰名时，对能据以推断该商标是否驰名的任何因素，主管机关均应予以考虑。主管机关尤其应当考虑向其提交的含有能据以推断该商标驰名或不驰名的信息的因素，包括但不限于涉及以下信息的因素：

1）该商标在相关公众中的了解或认知程度；

2）该商标任何使用的持续时间、程度和地理范围；

3）该商标任何宣传的持续时间、程度和地理范围，包括在交易会或展览会上对使用该商标的商品或服务所做的广告、宣传和展示；

4）能反映该商标使用或被认知程度的任何注册或任何注册申请的持续时间和地理范围；

5）该商标成功实施商标权的记录，尤其是为主管机关认定驰名的程度；

6）该商标的相关价值。

（2）相关公众应当包括但不限：

1）使用该商标的那类商品或服务的实际或潜在的消费者；

2）使用该商标的那类商品或服务的营销渠道所涉及的人员；

3）经营使用该商标的那类商品或服务的商业界人员。

如果一商标被某成员国认定至少为该国一个相关领域的公众所熟知，该商标应当被该成员国认定为驰名商标。

如果一商标被某成员国认定至少为该国一个相关领域的公众所知晓，该商标可以被该成员国认定为驰名商标。

即使一商标未在某成员国中为任何相关公众所熟知，或者未为适用《关于驰名商标保护规定的联合建议》第 2 条第 3 款的成员国中的任何相关公众所知晓，该成员国亦可将该商标认定为驰名商标。

（3）成员国不得将下列因素作为认定驰名商标的条件：

1）该商标已在该成员国中使用，或获得注册，或提出注册申请；

2）该商标在除该成员国以外的任何管辖范围内驰名，或获得注册，或提出注册申请；或该商标在该成员国的全体公众中驰名。

（二）我国对驰名商标的认定标准

《商标法》第 14 条规定，驰名商标应当根据当事人的请求，作为处理涉及商标案件需要认定的事实进行认定。认定驰名商标应当考虑下列因素：

（1）相关公众对该商标的知晓程度；

（2）该商标使用的持续时间；

（3）该商标的任何宣传工作的持续时间、程度和地理范围；

（4）该商标作为驰名商标受保护的记录；

（5）该商标驰名的其他因素。

以上因素是构成驰名商标的基本条件，也是评价驰名商标的综合指标。但是，在具体实践中，并不是要求被评定商标必须全部达标才可认定其为驰名商标，而是满足其中任一因素即可。总的来说，要认定某商标是否为驰名商标，要考虑商标的显著性和知名度到底如何。

四、驰名商标的认定机构

我国《商标法》第 14 条第 2、3、4 款规定，在商标注册审查、工商行政管理部门查处商标违法案件过程中，当事人依照《商标法》第 13 条规定主张权利的，商标局根据审查、处理案件的需要，可以对商标驰名情况作出认定。在商标争议处理过程中，当事人依照《商标法》第 13 条规定主张权利的，商标评审委员会根据处理案件的需要，可以对商标驰名情况作出认定。在商标民事、行政案件审理过程中，当事人依照《商标法》第 13 条规定主张权利的，最高人民法院指定的人民法院根据审理案件的需要，可以对商标驰名情况作出认定。

可见，驰名商标的认定采用被动认定、个案认定以及按需认定原则。所以，根据《商标法》规定，商标局、商标评审委员会、人民法院依法在个案中认定商标是否驰名，因此不存在所谓的公示期。在商标个案争议中，驰名商标根据当事人的请求和主张来进行认定，可以做出认定的机构包括商标局、商标评审委员会以及人民法院。

五、驰名商标认定材料

根据《驰名商标认定与保护规定》第 3 条规定，以下材料可以作为证明商标驰名的证据材料：

（1）证明相关公众对该商标知晓程度的有关材料；

（2）证明该商标使用持续时间的有关材料，包括该商标使用、注册的历史和范围的有关材料；

（3）证明该商标的任何宣传工作的持续时间、程度和地理范围的有关材料，包括广告宣传和促销活动的方式、地域范围、宣传媒体的种类以及广告投放量等有关材料；

（4）证明该商标作为驰名商标受保护记录的有关材料，包括该商标曾在中国或者其他国家和地区作为驰名商标受保护的有关材料；

（5）证明该商标驰名的其他证据材料，包括使用该商标的主要商品近三年的产量、销售量、销售收入、利税、销售区域等有关材料。

这里的部分材料一般可以通过权威的市场调研来提供数据和材料支撑。但是，我们通常建议一个企业的知识产权管理要规范化，在使用过程中注意使用痕迹的留存。所以，对于企业的商标管理而言，应当建立规范的使用管理档案，这样有助于商标在企业成长的过程中留下完整的资料记载，在必要之时提供强有力的证据支持。

六、驰名商标的认定环节

（1）启动驰名商标认定依据。申请驰名商标认定的依据，即《商标法》第 13 条规定的情形，主要是指：

1）他人就相同或者类似商品申请注册的商标是复制、摹仿或者翻译他人未在中国注册的驰名商标，容易导致混淆的；

2）他人就不相同或者不相类似商品申请注册的商标是复制、摹仿或者翻译他人已经在中国注册的驰名商标，误导公众，致使该驰名商标注册人的利益可能受到损害的。

（2）选择正确的途径。在商标异议程序中，当事人认为他人经初步审定并公告的商标违反《商标法》第 13 条规定的，可以依据《商标法》及《商标法实施条例》的规定向商标局提出异议，并提交证明其商标驰名的有关材料。

在商标争议程序中，当事人认为他人已经注册的商标违反《商标法》第 13 条规定的，可以依据《商标法》及《商标法实施条例》的规定向商标评审委员会请求裁定撤销该注册商标，并提交证明其商标驰名的有关材料。

在商标管理工作中，当事人认为他人使用的商标属于《商标法》第 13 条规定的情形，请求保护其驰名商标的，可以向案件发生地的市（地、州）以上工商行政管理部门提出禁止使用的书面请求，并提交证明其商标驰名的有关材料。同时，地方工商行政管理部门抄报其所在地省级工商行政管理部门。

对认为符合认定依据情形的案件，市（地、州）工商行政管理部门应当自受理当事人请求之日起 15 个工作日内，将案件全部材料报送所在地省（自治区、直辖市）工商行政管理部门，并向当事人出具受理案件通知书；省（自治区、直辖市）工商行政管理部门应当对本辖区内市（地、州）工商行政管理部门报送的有关驰名商标保护的案件材料进行审查。

对符合认定依据情形的案件，省（自治区、直辖市）工商行政管理部门应当自受理当事人请求之日起 15 个工作日内，将案件全部材料报送商标局。当事人所在地省级工商行政管理部门直接受理的案件中，认为所发生的案件属于依据情形的，也应在 15 日内报送商标局。

（3）等待认定结果。商标局应当自收到有关案件材料之日起 6 个月内作出认定，并将认定结果通知案件发生地的省（自治区、直辖市）工商行政管理部门，抄送当事人所在地的省（自治区、直辖市）工商行政管理部门。

商标局、商标评审委员会在认定驰名商标时，应当综合考虑《商标法》第14条规定的认定驰名商标的因素。注意，根据现行《商标法》规定，国家工商行政管理总局商标局、商标评审委员会、人民法院依法在个案中认定商标是否驰名，因此不存在所谓的公示期。对于未被认定为驰名商标的，自认定结果作出之日起一年内，当事人不得以同一商标就相同事实和理由再次提出认定请求。

驰名商标的认定环节即流程见图3-2。

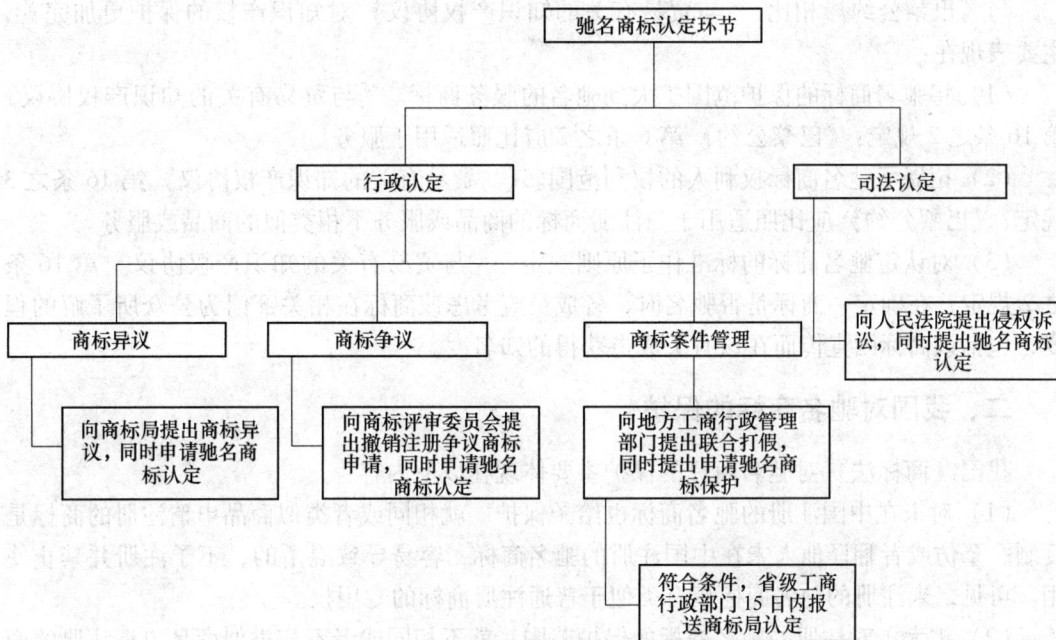

图 3-2　驰名商标的认定环节

教学与训练任务二　　驰名商标的保护 >>>

对驰名商标的保护是一个比较复杂的问题。当前，国际公约和各国立法都对驰名商标给予特殊的保护，在美国等一些国家还采用反淡化法来保护驰名商标。我国对驰名商标的认定、保护制度以及执法水平等方面都有尚待完善的地方。

一、国际公约对驰名商标的保护

（一）《巴黎公约》对驰名商标的保护

（1）本联盟各国承诺，如本国法律允许，应依职权或依有关当事人的请求，对商标注册或使用国主管机关认为在该国已经属于有权享受本公约利益的人所有而驰名，并且用于相同或类似商品的商标构成复制、仿制或翻译，易于产生混淆的商标，拒绝或取消注册，并禁止使用。这些规定，在商标的主要部分构成对上述驰名商标的复制或仿制，易于产生混淆时，也应运用。

（2）自注册之日起至少 5 年的期间内，应允许提出取消易与驰名商标产生混淆的商标的请求。本联盟各国可以规定一个期间，在这期间内必须提出禁止使用的请求。

（3）对于依恶意取得注册或使用的商标提出取消注册或禁止使用的请求，不应规定时间限制。

（二）《与贸易有关的知识产权协议》对驰名商标的保护

与《巴黎公约》相比，《与贸易有关的知识产权协议》对知识产权的保护更加完善，主要表现在：

（1）将驰名商标的保护范围扩大到驰名的服务商标。《与贸易有关的知识产权协议》第 16 条之 2 规定：《巴黎公约》第 6 条之 2 应比照适用于服务。

（2）拓展了驰名商标权利人的权利范围。《与贸易有关的知识产权协议》第 16 条之 3 规定，《巴黎公约》应比照适用于与注册商标的商品或服务不相类似的商品或服务。

（3）对认定驰名商标的标准作了原则规定。《与贸易有关的知识产权协议》第 16 条之 2 规定，在确定一商标是否驰名时，各成员应考虑该商标在相关部门为公众所了解的程度，包括该商标因宣传而在该有关成员获得的知名度。

二、我国对驰名商标的保护

我国《商标法》对驰名商标的保护主要体现在以下内容：

（1）对未在中国注册的驰名商标也给予保护。就相同或者类似商品申请注册的商标是复制、摹仿或者翻译他人未在中国注册的驰名商标，容易导致混淆的，不予注册并禁止使用。可见，未注册的驰名商标享有类似于普通注册商标的专用权。

（2）扩大了对注册的驰名商标的保护范围。就不相同或者不相类似商品申请注册的商标是复制、摹仿或者翻译他人已经在中国注册的驰名商标，误导公众，致使该驰名商标注册人的利益可能受到损害的，商标局不予注册并禁止使用。可见，已注册的驰名商标注册人除依法享有商标注册所产生的商标专用权外，还有权禁止他人在一定范围的非类似商品上注册或使用其驰名商标，甚至有权禁止他人将其驰名商标作为企业名称的一部分使用。具体地说，扩大保护主要体现在以下三个方面：

1）将与他人驰名商标相同或者近似的商标在非类似商品上申请注册，且可能损害驰名商标注册人的权益的，由商标局驳回其注册申请；申请人不服的，可以向商标评审委员会申请复审；已经注册的，自注册之日起五年内，驰名商标注册人可以请求商标评审委员会予以撤销，但恶意注册的不受时间限制。

2）将与他人驰名商标相同或者近似的商标在非类似的商品上使用，且会暗示该商品与驰名商标注册人存在某种联系，从而可能使驰名商标注册人的权益受到损害的，驰名商标注册人可以自知道或者应当知道之日起两年内，请求工商行政管理机关予以制止。

3）自驰名商标认定之日起，他人将与该驰名商标相同或者近似的文字作为企业名称的一部分使用，且可能引起公众误认的，工商行政管理机关不予核准登记；已经登记的，驰名商标注册人可以自知道或者应当知道之日起两年内，请求工商行政管理机关予以撤销。

三、驰名商标的跨类保护范围

我国《商标法》第13条第2款对驰名注册商标的跨类保护以"误导公众，致使该驰名商标注册人的利益可能受到损害"为构成要件，《最高人民法院关于审理涉及驰名商标保护的民事纠纷案件应用法律若干问题的解释》第9条第2款对该要件进行了明确。在司法实践中，驰名注册商标之间的驰名程度客观上存在高低不同的差别，并不是所有的驰名商标都会获得"跨类保护"的待遇的，也不能要求对驰名程度不同的注册商标给予同等范围的跨类保护。驰名商标跨类保护的范围应与其驰名程度相适应，总体而言二者呈同向正比关系。

驰名商标的"跨类"究竟能跨多远取决于其与所跨的相应类别的相关度的高低。举个例子，A企业有一个经过认可的服务类"驰名商标"。B企业有一个与其相近似的注册商标，但B企业经营的是服装类商品。如果此时，A企业想通过"驰名商标的跨类保护"的方式告B企业，禁止B企业的商标使用，A企业几乎不能成功。因为，A的商标是一个服务类商标，其与B企业经营的服装类商品关联度太低。因此，"驰名商标"所跨的类别的范围，与其所跨的相应类别的相关度的高低有直接关系。

四、驰名商标的反淡化保护

在美国等一些判例国家，一方面通过大量的判例形式对驰名商标予以保护，另一方面也采用立法对驰名商标进行保护，例如美国制定有《商标反淡化法》来保护驰名商标。这里所说的淡化是指商标显著性的淡化。由于驰名商标本身的显著性较高，在市场流通过程中占有市场份额大，因此驰名商标必然与其商品存在最高的关联性，久而久之，驰名商标的联系就不仅仅局限于其企业的商品，可能就会覆盖在整个行业的商品。在这种情况下"淡化"会造成对驰名商标的直接损害，使得驰名商标成了一个通用名称，反而成了一个弱商标，而不具有识别度，例如"可乐"商标的淡化，"氟利昂"商标的淡化。所以说，美国法律规定，驰名商标权人有权禁止他人淡化其驰名商标。而作为驰名商标的所有者，也应当尽量避免企业的驰名商标被淡化。

实　训

【实训任务】　王大爷想要购买一套参加儿子婚礼时能穿的西服，结果到了商场，服务员各种介绍。服务员A："这是×××品牌，国家知名商标，您就放心购买吧。"服务员B："大爷，我跟您说，这是名牌，您穿这个绝对够档次。"服务员C："这位大爷，您穿这身保准帅气，这是著名商标，质量有保证。"服务员D："先生，我们店里的衣服做工绝对过硬，这牌子您也听过，是国内驰名商标。"这下，王大爷犯了难，知名商标、名牌、著名商标、驰名商标都有什么区别？请你根据所学内容解决以下问题：

（1）辨析材料中出现的四个名词：知名商标、名牌、著名商标、驰名商标。

（2）查阅《商标法》，详述驰名商标的使用规范。

综合项目四　商标监控管理法律事务

训练项目一　商标异议法律事务

学习目标

（1）熟悉商标异议制度、商标不予注册复审制度、商标监控管理岗位中主要涉及的工作内容。

（2）掌握商标异议申请、商标不予注册复审申请的业务技能。

教学与训练任务一　商标异议申请 >>>

一、商标异议的概念与意义

商标异议是指自然人、法人或者其他组织在法定期限内对商标注册申请人经商标局初步审定并刊登公告的商标提出不同意见，请求商标局撤销对该商标的初步审定，由商标局依法作出准予注册或不予注册决定的制度。提出异议的一方为异议人，商标注册申请人为被异议人，该初步审定商标为被异议商标。

《商标法》第33条规定，对初步审定公告的商标，自公告之日起3个月内，在先权利人、利害关系人认为违反《商标法》第13条第2款和第3款、第15条、第16条第1款、第30条、第31条、第32条规定的，或者任何人认为违反《商标法》第10条、第11条、第12条规定的，可以向商标局提出异议。

商标异议制度的意义在于：

（1）保护在先权利人、利害关系人的利益。

（2）维护社会公众利益和公序良俗。

（3）有利于社会公众对商标审查工作进行监督。

（4）能够有效遏制恶意异议，有效维护在先权利人的合法权益，营造良好的市场竞争秩序，异议程序维护各类在先权利的救济功能得到充分发挥。

二、商标异议的提出

（一）特定主体的权利救济途径

《商标法》对异议理由进行了区分和限定，回归了异议制度的权利救济初衷，以此遏制异议投机行为。在先权利人或利害关系人可以基于以下理由提出异议：

(1)《商标法》第 13 条第 2、3 款：驰名商标保护；

(2)《商标法》第 15 条：防止因代理关系、代表关系或其他合同、业务关系导致商标被抢注；

(3)《商标法》第 16 条第 1 款：地理标志保护；

(4)《商标法》第 30 条：在先商标权保护；

(5)《商标法》第 31 条：商标同日申请；

(6)《商标法》第 32 条：禁止损害各种在先权利，禁止抢先注册他人已使用并有一定影响的商标。

在先权利是指在系争商标申请注册日之前已经取得的，除商标权以外的其他权利，包括字号权、著作权、外观设计专利权、姓名权、肖像权以及应予保护的其他合法在先权益。在商标异议、不予注册复审及无效宣告案件审理中，会涉及在先权利保护问题。《商标法》第 32 条所指的"现有"一般应当以系争商标申请注册日为时间点，确定在先权利是否形成，是否仍处于合法状态。如果在先权利在案件审理时已不存在的，一般不影响系争商标的注册。

在认定利害关系人时，利害关系的范围不宜过小或过大，应在保障异议权和防止滥用异议权之间取得平衡，还需考虑举证上的可行性和便利性。例如，在先商标权的利害关系人包括但不限于：合法继承人、被许可使用人、受让人、与商标专用权人有投资关系或监管关系的人、商标质权人等。申请人为利害关系人的，应当提交证明其与所主张的在先权利存在直接利害关系的文件，例如许可使用合同、代理合同、经销合同、特许经营合同、转让合同、委托创作合同、经纪合同、出资证明、权利转让受理通知书、地理标志所标示地区的相关经营者证明等。

（二）社会公众的监督途径

任何人可以基于以下理由提出异议：

(1)《商标法》第 10 条：不得作为商标使用的标志；

(2)《商标法》第 11 条：不得作为商标注册的标志；

(3)《商标法》第 12 条：以三维标志申请注册商标的，仅由商品自身的性质产生的形状、为获得技术效果而需有的商品形状或者使商品具有实质性价值的形状，不得注册。

三、商标异议的受理条件

商标局收到商标异议申请书后，经审查，符合受理条件的，予以受理，向申请人发出受理通知书。商标异议受理条件包括以下几点：

(1) 有明确的被异议商标。

1) 准确有效的商标初审信息。异议申请书中有明确的"商标注册号"。

2) 异议申请书、异议理由书、委托书、初审公告中被异议商标信息一致。

(2) 在法定异议期限内提出。

1)《商标法》第 33 条规定，在先权利人、利害关系人对初步审定公告的商标违反法律的相关规定的，自公告之日起 3 个月内可以向商标局提出异议申请。

2）《商标法实施条例》第9条、第12条：规定了异议人向商标局递交商标异议材料时法定期限的计算方式。

3）被异议商标未经商标局初审公告或者初审公告期满的均不能提出异议。

（3）异议人的主体资格适格。《商标法》对异议申请人的主体资格进行了限制，这一变化是对商标异议程序尤其是商标异议申请的形式审查做出的一项重大调整。《商标法》第33条规定了提起商标异议的绝对理由和相对理由条款。绝对理由是指在商标异议阶段，"任何人"对于违反《商标法》的第10~12条可以提出异议申请。相对理由是指在商标异议阶段，"在先权利人、利害关系人"针对违反《商标法》第13条第2款和第3款、第15条、第16条第1款、第30条、第31条、第32条的规定，可以提出异议申请。

《商标法实施条例》第26条第2款规定，商标异议申请人主体资格、异议理由不符合《商标法》第33条规定的，商标局不予受理，书面通知申请人并说明理由。因此，异议人以相对理由提出异议申请，不仅要提交作为在先权利人或利害关系人的证明，而且该证明文件应当能初步证明异议人具备在先权利或利害关系。

（4）异议理由符合法律规定。商标局审查时，严格遵守《商标法》第33条的规定，不突破文义解释。《商标法》第7条、第44条以及《中华人民共和国民法总则》《中华人民共和国反不正当竞争法》等不是法定异议理由。《商标法》第33条规定，对初步审定公告的商标，自公告之日起3个月内，在先权利人、利害关系人认为违反《商标法》第13条第2款和第3款、第15条、第16条第1款、第30条、第31条、第32条规定的，或者任何人认为违反《商标法》第10条、第11条、第12条规定的，可以向商标局提出异议。上述条款旨在限制异议范围，明确异议程序定位。该条款无论从立法本意还是从文义解释来看，都是封闭列举，当事人不能类推或参照援引《商标法》的其他条款或其他法律来提出异议。对超出该条规定范围以外的争议，应由其他程序解决。

（5）有明确的事实依据。异议人应当在异议申请中对异议理由和事实依据进行明确阐述，提出自己的意见。异议申请应当明确相关在先权利或利害关系的信息，包括但不限于权利类型、权利主体、权利客体等，并提交有关证明文件。异议申请中仅援引有关法律条款，但未对理由和事实依据进行明确阐述，不能视为具备明确的异议理由和事实依据。注意：即使主张绝对理由也必须有明确的事实依据，不可以仅是简单堆砌条款。

（6）异议申请材料的形式要件符合法律规定。《商标法实施条例》第24条规定，对商标局初步审定予以公告的商标提出异议的，异议人应当向商标局提交下列商标异议材料一式两份并标明正、副本：

1）商标异议申请书。商标异议申请书应当有明确的请求和事实依据，并附送有关证据材料。异议申请书是最核心的意思表示。异议程序依申请人的申请而启动，申请书式包含了申请人的意思表示，若没有此意思表示存在，该申请便不可能产生引发异议程序的启动，也就是说申请人应对其提交申请的正确性和完整性负全部责任。异议申请书应使用商标局的固定书式，并按要求规范填写。

2）异议人的身份证明。

3）以违反《商标法》第13条第2款和第3款、第15条、第16条第1款、第30条、第31条、第32条规定为由提出异议的，异议人作为在先权利人或者利害关系人的证明。

四、异议申请不予受理的主要情形

异议申请不予受理的法律依据是《商标法》第 33 条以及《商标法实施条例》第 14 条、第 18 条、第 24 条、第 26 条。异议申请不予受理的主要原因包括：

（1）申请人主体资格、异议理由不符合《商标法》第 33 条规定的。

（2）无明确的异议理由、事实和法律依据的。

（3）未在法定期限内提出的。

（4）未缴纳费用的。

（5）期满未补正的或者不按照要求进行补正的。

根据商标局的统计，2017 年商标局共发出商标异议申请不予受理通知书 1521 份，通知书中引用不予受理原因累计共计 1581 条（有的异议申请因两种以上原因而被商标局作出不予受理决定）。异议申请不予受理的原因主要如图 4-1 所示。

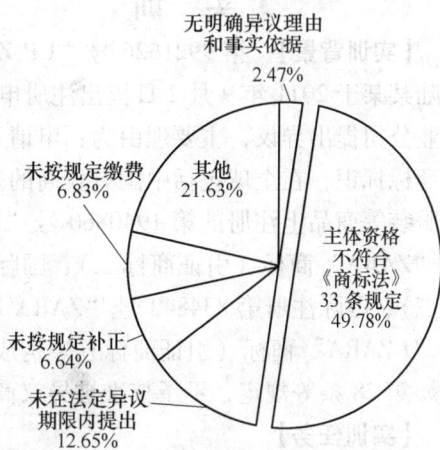

（1）主体资格不符合《商标法》第 33 条的规定（787 条，约占 49.78%）。

（2）未在法定异议期内提交异议申请（200 条，约占 12.65%）。

（3）未按规定缴纳异议规费（108 条，约占 6.83%）。

（4）未按规定补正（105 条，约占 6.64%）。

（5）缺少明确的异议理由和事实依据（39 条，约占 2.47%）。

（6）其他（342 条，约占 21.63%）。

图 4-1　2017 年异议申请不予受理原因统计

五、商标异议审查举例

（1）恶意摹仿在先知名作品角色名称。例如，被异议商标文字与电影《捉妖记》中主要的角色"小妖王"及角色名称"胡巴"完全相同，图形也亦与电影中小妖王胡巴的形象雷同（见图 4-2a）。

（2）抢注有一定知名度在先作品名称。例如，被异议商标与影视作品名称《变形金刚》文字构成和呼叫相同（见图 4-2b）。

（3）抢注同一企业或相关联企业多个商标。例如，被异议人把同一企业在先使用的有一定知名度的商标及其关联企业的商标组合在一起申请注册。

（4）抢注同一地区多个商标。例如，异议人 A 和 B 分别拥有"三湖"和"秦邮"商标，双方来自同一个地区，且"三湖"和"秦邮"商标均为当地具有一定知名度商标，被异议人将其二人商标组合后申请注册"三湖秦邮"商标，并使用在相关联的商品上（见图 4-2c）。

（5）拆分、组合他人商标。被异议商标与他人知名商标的部分独立图形完全相同，同时，被异议人申请注册多件与引证商标中各独立部分相同或相近的图形。

（6）在非类似商品或服务项目上抢注他人独创性强、知名度高的商标。

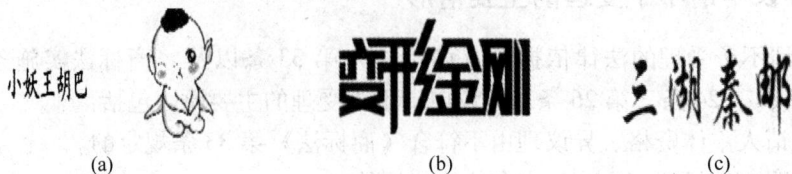

图 4-2　商标异议审查示例

实　训

【实训背景】 第 9921626 号 "UP ZARA XDUDU'S KIDS" 商标（以下称被异议商标）由陆某某于 2011 年 9 月 2 日提出注册申请，指定使用在第 25 类服装等商品上。后某纺织工业公司提出异议，主要理由为：申请人是全球著名的西班牙公司，"ZARA" 商标是其主要商标标识，在全球包括中国有较高的知名度和影响力。被异议商标与申请人在先于第 25 类服装等商品上注册的第 1940860 号 "ZARA" 商标（引证商标一）、国际注册第 752502 号 "ZARA" 商标（引证商标二）、国际注册第 706681 号 "ZARA BASIC" 商标（引证商标三）、国际注册第 834842 号 "ZARA HOME" 商标（引证商标四）、国际注册第 626541 号 "I ZARA" 商标（引证商标五）构成使用在类似商品上的近似商标。请求依据《商标法》第 28 条等规定，不予核准被异议商标注册申请。

【实训任务】

（1）登录商标局官网，查询第 9921626 号 "UP ZARA XDUDU'S KIDS" 商标的详情。

（2）请站在 "ZARA" 商标所有人某纺织工业公司的立场，完成商标异议申请书的制作（书式样本请到商标局官网自行下载）。

教学与训练任务二　不予注册复审

一、不予注册复审的概念

不予注册复审（商标异议复审）是指经过商标异议后，若异议理由成立，商标局做出不予注册决定，而被异议人对商标局的异议裁定不服的，可以向商标评审委员会申请不予注册复审。根据《商标法》，可以提起不予注册异议复审的主体只有被异议人。

《商标法》第 35 条第 3 款规定，商标局做出不予注册决定，被异议人不服的，可以自收到通知之日起 15 日内向商标评审委员会申请复审。商标评审委员会应当自收到申请之日起 12 个月内做出复审决定，并书面通知异议人和被异议人。有特殊情况需要延长的，经主管部门批准，可以延长 6 个月。被异议人对商标评审委员会的决定不服的，可以自收到通知之日起 30 日内向人民法院起诉。人民法院应当通知异议人作为第三人参加诉讼。

《商标法实施条例》第 53 条规定，商标评审委员会审理不服商标局不予注册决定的复审案件，应当针对商标局的不予注册决定和申请人申请复审的事实、理由、请求及原异议人提出的意见进行审理。商标评审委员会审理不服商标局不予注册决定的复审案件，应当通知原异议人参加并提出意见。原异议人的意见对案件审理结果有实质影响的，可以作为评审的依据；原异议人不参加或者不提出意见的，不影响案件的审理。

二、不予注册复审的审理机构及审理流程

目前，不服商标局不予注册决定的复审案件由商标评审委员会负责审理。作为被异议商标的当事人或代理人，应当熟悉该商标评审委员会这一机构的运作，知悉商评委与商标局在业务上有所区别。

商标异议评审流程可以分为四个阶段：

第一阶段，当事人提交复审申请，或者当事人委托代理机构提交复审申请；

第二阶段，受理处进行形式审查，形式审查合格的，发受理通知书；

第三阶段，实质审查，之后发裁定书；

第四阶段，对裁定结果不服的到法院提起诉讼，判决后再依判决进行裁定。

三、不予注册复审的形式审查

（一）主体资格审查

（1）审查申请人是否是适格主体。不予注册复审的主体资格审查，即是否与商标局不予注册决定中或部分核准注册决定中所载的被异议人名称一致。

（2）审查申请人是否提交主体资格证明。提交的营业执照复印件应加盖公章，身份证要复印清晰。

（3）评审商标发生转让、移转或变更，已向商标局提出申请但尚未核准公告的，应当在申请中提交相关证明，目的是解释为什么这个名义不一样，同时，要附上变更或转让申请复印件以及当地工商部门变更证明复印件。

（4）共有商标的当事人或共同申请人提出商标评审申请。此种情况应当在申请书指定一个代表人，不要把几个共同人都写上。如果共同申请人都写上了，以申请书顺序排列的第一个人为代表人。在申请书（首页）申请人栏目中填写代表人的名称、通信地址，在联系人栏目中填写联系人的名称，若有代理还需要填写代理组织的名称、联系电话等内容，其他当事人应在所附材料中写明。代表人发生变更时须有被代表的当事人书面授权。

（二）相关时限的计算与审查

1. 提起申请的期限

复审的案件主要是驳回复审、无效宣告复审、不予注册复审、撤销复审，这几类案件的期限，一般情况下，自收到商标局通知或者决定之日起 15 日之内，要提交评审申请，超出期限，不予受理。但要注意的是，对国际注册驳回复审案件，由于国际局转发需要时间，因此此类复审期限为自国际局转发之日起 30 日内。

2. 递交与送达的时限

（1）递交。《商标法实施条例》第 9 条规定，直接递交的，以递交日为准；邮寄的，以邮寄出的邮戳为准，如果邮戳不清晰或没有邮戳的，以商标局或者商评委实际收到日为准，但是当事人能提出实际邮戳日证据的除外；通过邮政企业以外的快递企业递交的，以

快递企业收寄日为准，收寄日不明确的，以商标局或者商评委实际收到日为准，但是当事人能够提出实际收寄日证据的除外；以数据电文方式提交的，以进入商标局或商评委电子系统的日期为准。

（2）送达。《商标法实施条例》第10条规定，直接递交的，以递交日为准；邮寄的，以当事人收到的邮戳日为准；邮戳日不清晰或者没有邮戳的，自文件发出之日起满15日，视为送达当事人，但是当事人能够证明实际收到日的除外；以数据电文方式送达的，自文件发出之日起满15日，视为送达当事人，但是当事人能够证明文件进入其电子系统日期的除外；公告送达的，自公告发布之日起满30日，该文件视为已经送达当事人。

3. 计算方式

一般情况下，期间开始的当日不计算在期间内，从第二天开始计算；期间届满的最后一日是节假日，以节假日后的第一个工作日为期间届满的日期；期限以年或月计算的，以期限最后一个月相应日为期限届满日，该月无相应日的，以该月最后一日为期限届满日。

（三）提交的申请书件及有关材料应符合规定

1. 申请书的首页

（1）申请商标、复审商标、被异议商标或争议商标名称是否正确。

（2）申请号、注册号或国际注册号是否正确（国际注册号前是否加"G"）。

（3）商标类别是否正确。

（4）商标局发文号是否正确。

（5）申请人名称是否与身份证明信息一致。

（6）代理机构是否是依法设立。

（7）是否正确填写被申请人名称栏。

实践中常见以下两个问题：

1）涉及多个被申请人或是原异议人的案件，被申请人名称栏或是原异议人名称栏填写错误。

①就同一注册号提出商标不予注册复审申请，涉及多个原异议人的，应提交一件不予注册复审申请，并在申请书（首页）分别列明各原异议人的名称。

②就商标局同一撤销或者不予撤销注册商标的决定提出撤销注册商标复审申请，涉及多个被申请人的，应提交一件撤销注册商标复审申请，并在申请书（首页）分别列明各被申请人的名称。

2）申请人或代理机构在申请书（首页）被申请人名称栏或原异议人名称栏漏填了被申请人或原异议人。对于此种情况，商评委在形式审查过程中不会发补正通知，由此产生影响案件实质审理结果的责任，申请人或代理机构应自行承担。

商标不予注册复审申请书（正文）处，申请人在阐述"事实与理由"时，应写明有关事实以及所依据的法律条文和相关证据，写明证据的来源以及具体要证明的事实，说理应当充分合理。

（8）申请人或代理机构是否签字或盖章。

（9）仅依照《商标法》第30条、第31条规定提出的注册商标无效宣告申请须填写无效宣告申请书（首页）的"★"栏目。

（10）申请人不服商标局依照《商标法》第49条第1款规定做出撤销决定提起复审申

请的，无须填写被申请人名称。

2．申请材料目录

（1）申请人或代理机构是否提交申请材料目录。实践中要注意：是否漏交材料目录，若有遗漏需要补交；申请材料装订顺序是否有误，若有错误需要调整。

（2）申请人或代理机构是否在申请材料目录上签字或盖章。若忘记签章，也会面临材料的补正，势必耽误工作进程。

3．商标评审代理委托书审查内容

（1）外国人或者外国企业在中国办理商标评审事宜的，是否委托依法设立的商标代理机构办理。

（2）代理人是否是依法设立的商标代理机构。

（3）代理内容（委托人名称、委托人国籍、商标名称、注册号、类别、案件类型）。

（4）代理权限（一般授权/特别授权）。

（5）委托人是否签字或盖章。

（6）委托人为国内企业或个人的，委托书是否提交原件，委托人为中国大陆地区以外的企业或个人的，如提交委托书复印件，是否加盖代理机构章戳。

4．证据目录

（1）申请人或代理机构是否提交证据目录。

（2）证据目录的正、副本是否一致。

实践中要注意：证据中涉及商业秘密的，如没在副本中提交，必须在目录中写清楚。

（3）申请人或代理机构是否签字或盖章。

5．证据材料审查内容

（1）双方当事人案件是否按照对方当事人数量提交与正本一致的证据材料副本。

（2）证据材料的正、副本是否一致，如不一致，是否在证据目录的正、副本中逐一备注说明。

（3）审查证据材料是否编码以及该编码是否与证据目录一致。

（4）审查外文证据是否进行翻译（《商标法实施条例》第6条和《商标评审规则》第42条第1款）。

（四）审查是否依法缴纳评审费用

（1）直接办理的，商标局是否在申请书（首页）加盖收费公章。

（2）邮寄办理的，申请人是否在邮寄申请材料的同时一并提交汇款凭据。

（3）代理机构办理的，代理机构账户应确保有足够的余额抵扣。

四、商标不予注册复审典型案例

典型案例一："新某某高尔夫球场"商标不予注册复审案

（一）基本案情

"新某某高尔夫球场"商标（以下称被异议商标）由福建新某某体育娱乐有限公司（以下称申请人）提出注册申请，指定使用在第41类高尔夫球场设施、健身俱乐部等服务上。2013 年 9 月 5 日，新某某股份有限公司（以下称原异议人）以被异议商标的申请注册违反了《商标法》第 15 条等规定为由向商标局提出异议申请。2015 年 7 月 23 日，商标局作出不予注册决定，认为被异议商标的注册申请违反了《商标法》第 15 条第 1 款的规定应不予注册。

2015 年 8 月 19 日，申请人不服商标局上述决定，依法向商标评审委员会申请复审。申请人复审的主要理由为：商标评审委员会在申请人创始人麦某与原异议人之间关于"新某某"商标的众多案件中，均已在先认定申请人创始人注册"新某某"及含有"新某某"文字的商标未违反《商标法》第 15 条第 1 款的规定。故请求核准被异议商标注册。对此，原异议人提出意见称：申请人法定代表人与原异议人存在代表关系，被异议商标的注册恶意明显，请求不予核准被异议商标注册。

（二）决定结果

商标评审委员会经审理认为，最高人民法院（2013）知行字第 99 号行政裁定书认定，"由于麦某曾为原异议人的副董事长，现在仍为其董事、股东，并且曾担任由原异议人投资的上海新某某食品有限公司的负责人，因此能够认定麦某与原异议人形成代表关系，存在关联关系。同时，本案申请人系麦某所设立，其行为与麦某具有主观的合谋，申请人的行为应视为麦某的行为。麦某通过其实际控制的申请人的名义申请注册被异议商标，故申请人可以视为《商标法》第 15 条所称的代表人。"本案申请人申请注册的提供高尔夫球场设施、健身俱乐部等服务与原异议人"新某某"商标在台湾地区使用的餐厅业、旅馆、饭店业等服务具有较强关联性。其在未经原异议人授权的情况下，擅自在大陆地区申请注册被异议商标属于《商标法》第 15 条第 1 款所指的"未经授权，代表人以自己的名义将被代表人的商标进行注册"之情形。综上，商标评审委员会对被异议商标不予核准注册。

（三）典型意义

《商标法》第 15 条第 1 款意在制止代理人、代表人违反诚实信用原则的恶意抢注行为。该条款中的"代表人"是指具有从属于被代表人的特定身份，执行职务行为而可以知悉被代表人商标的个人，包括法定代表人、董事、监事、经理、合伙事务执行人等人员。对于虽非以代表人名义申请注册被代表人的商标，但有证据证明，注册申请人与代表人具有串通合谋行为的，可以视其为代表人，该抢注行为应属于《商标法》第 15 条第 1 款所指代表人的擅自注册行为。

实　训

【实训背景】　申请书的撰写是涉案商标当事人和代理人完成商标不予注册复审工作的基本要求。《商标评审规则》第 15 条规定，申请书应当载明下列事项：

（1）申请人的名称、通信地址、联系人和联系电话。评审申请有被申请人的，应当载明被申请人的名称和地址。委托商标代理机构办理商标评审事宜的，还应当载明商标代理机构的名称、地址、联系人和联系电话。

（2）评审商标及其申请号或者初步审定号、注册号和刊登该商标的《商标公告》的期号。

（3）明确的评审请求和所依据的事实、理由及法律依据。

【实训任务】

（1）阅读"新某某高尔夫球场"商标不予注册复审案案例，模拟申请人，完成商标不予注册复审申请书的正文和首页。

（2）在"新某某高尔夫球场"商标不予注册复审案案例的基础上，模拟原异议人完成不予注册复审意见材料目录。

训练项目二　商标争议法律事务

学习目标

（1）熟悉注册商标无效宣告申请。

（2）了解商标无效宣告答辩。

（3）掌握商标无效宣告申请、无效宣告答辩等业务技能。

教学与训练任务一　注册商标无效宣告 》》》

一、注册商标无效宣告基础知识

由于申请人或商标注册机关等多方面的原因，部分不具备注册条件的商标可能会被允许合法注册。注册商标的无效宣告是弥补商标注册工作失误的一项重要制度。无效宣告程序与注册商标的撤销程序均可导致注册商标不再有商标权的结果，但前者通常是导致被撤销的商标权自始无效，后者是导致被撤销的注册商标从撤销之日起丧失商标权。

（一）注册商标无效宣告的类型

注册商标无效宣告主要有两类：

（1）注册商标不涉及侵害他人民事权益情形下的无效宣告。已经注册的商标，违反《商标法》第10条、第11条、第12条规定的，或者是以欺骗手段或其他不正当手段取得注册的，由商标局宣告该注册商标无效；其他单位或者个人可以请求商标评审委员会宣告该注册商标无效。

（2）注册商标侵害他人民事权益情形下的无效宣告。已经注册的商标，违反《商标法》第13条第2款和第3款、第15条、第16条第1款、第30条、第31条、第32条规定的，自商标注册之日起5年内，在先权利人或者利害关系人可以请求商标评审委员会宣告该注册商标无效。对恶意注册的，驰名商标所有人不受5年的时间限制。

（二）注册商标无效宣告的司法审查

商标评审委员会在对涉及侵害他人民事权益情形下的无效宣告请求进行审查的过程

中，所涉及的在先权利的确定必须以人民法院正在审理或者行政机关正在处理的另一案件的结果为依据的，可以中止审查。中止原因消除后，应当恢复审查程序。商标评审委员会作出维持或者宣告注册商标无效的裁定后，应当书面通知有关当事人。当事人对商标评审委员会的裁定不服的，可以自收到通知之日起 30 日内向人民法院起诉。人民法院应当通知商标裁定程序的对方当事人作为第三人参加诉讼。

（三）注册商标宣告无效的法律后果

注册商标被宣告无效的，其商标权视为自始不存在。有关宣告注册商标无效的决定或者裁定，对在无效前人民法院作出并已执行的商标侵权案件的判决、裁定、调解书，工商行政管理部门作出并已执行的商标侵权案件的处理决定，以及已经履行的商标转让或者使用许可合同，不具有追溯力；但是，因商标注册人恶意给他人造成的损失，应当给予赔偿。依照前述规定不返还商标侵权赔偿金、商标转让费、商标使用费，明显违反公平原则的，应当全部或者部分返还。

二、注册商标无效宣告的形式审查

（一）主体资格审查

（1）审查申请人主体适格。依照《商标法》第 44 条第 1 款，任何组织和个人都可以提起注册商标无效宣告；依照《商标法》第 45 条第 1 款，在先权利人或者利害关系人可以提起注册商标无效宣告。

（2）审查申请人的主体资格证明。值得注意的是，提交的营业执照复印件是要加盖公章的；身份证要复印清晰。

（3）评审商标发生转让、移转或变更，已向商标局提出申请但尚未核准公告的，应当在申请中提交相关证明，目的是解释为什么这个名义不一样，同时，要附上变更或转让申请复印件以及当地工商部门变更证明复印件。

（4）共有商标的当事人或共同申请人提出商标评审申请。此种情况应当在申请书指定一个代表人，不要把几个共同人都写上。如果共同申请人都写上了，以申请书顺序排列的第一个人为代表人。在申请书（首页）申请人以及联系人栏目中只填写代表人的名称、通信地址以及联系人和联系电话，其他当事人应在所附材料中写明。代表人发生变更时须有被代表的当事人书面授权。

（二）时限审查

（1）国内注册无效宣告案件。依照《商标法》第 44 条第 1 款提出无效宣告申请的，不受时限限制；依照《商标法》第 45 条第 1 款提出无效宣告申请的，应于争议商标注册之日起 5 年内提出申请，无效宣告请求理由涉及驰名商标的，不受时限限制；对经商标局异议程序或商评委不予注册复审程序核准注册的商标提出无效宣告申请的，应自商标局重新刊登注册公告之日起计算评审时限。

（2）国际注册无效宣告的案件。依照《商标法实施条例》第 49 条第 2 款、第 3 款，申请宣告国际注册商标无效的，应当自该商标国际注册申请的驳回期限（协定书：12 个月，议定书：18 个月）届满后向商评委提出申请；驳回期限届满时，仍处在驳回复审或者异议相关程序的，应当自商标局或者商评委作出的准予注册决定生效后，向商评委提出申请。

（三）申请书件及有关材料审查

（1）应正确填写《注册商标宣告无效申请书》。申请人所提出的"评审请求"应符合商评委的评审范围。申请人在阐述"事实与理由"时应写明有关事实所依据的证据和法律规定，书写内容应当详实充分，申请书正文与申请书首页一并提交，同时应按照对方当事人的数量提交相应的副本。

（2）证据材料和实务证据。根据规定申请人应提供证据材料原件和复印件，准备好证据目录清单，写明证据的名称、来源以及待证明事实。

（3）提供真实有效的申请人身份资料。

（4）申请人需要在提出商标无效宣告后补充有关证件材料的，应当在申请书中声明，并自提交申请书之日起 3 个月内提交与申请书相同份数的证据材料；未在申请书中声明或者期满未提交的，视为放弃补充有关证据材料。

（5）按时缴纳评审费，答辩方不需要缴费。

三、注册商标无效宣告典型案例

"屠呦呦"商标无效宣告案

（一）基本案情

"屠呦呦"商标（以下称争议商标）由宿州市夏氏眼镜有限公司（即本案被申请人）于 2012 年 6 月 6 日向商标局申请注册，核定使用在第 9 类眼镜等商品上，于 2014 年 4 月 7 日获准注册。2016 年 4 月 20 日，该商标被屠呦呦（即本案申请人）提出无效宣告请求。申请人称：申请人姓名具有很强的独创性，其在世界范围内已经具有很高的知名度，是广为知晓的公众人物。被申请人未经申请人允许，擅自将申请人姓名"屠呦呦"申请注册为争议商标，侵害了申请人的在先姓名权。依据《商标法》第 32 条等规定，申请人请求对争议商标予以无效宣告。被申请人在规定期限内未予答辩。

（二）裁定结果

商标评审委员会经审理认为，申请人"屠呦呦"为药学家，在争议商标申请日之前，经过广泛宣传报道，其已在中国相关公众中具有一定知名度，争议商标与申请人已形成了特定联系。被申请人在未经申请人授权的情况下，将与申请人姓名完全相同的文字"屠呦呦"作为争议商标进行注册，有可能使相关公众认为该商标指定使用的眼镜等商品来源于申请人，或来源于申请人授权的其他主体，故争议商标的注册已构成对申请人姓名的冒用，损害了申请人的姓名权，违反了《商标法》第 31 条"不得损害他人现有的在先权利"的规定。综上，争议商标应予以无效宣告。

（三）典型意义

本案涉及对在先姓名权的保护问题。《商标法》第 32 条规定，申请商标注册不得损害他人现有的在先权利。其中"在先权利"是指在系争商标申请注册日之前已经取得的，除商标权以外的其他权利，包括姓名权等。而损害他人姓名权的适用要件有两个：一是在相关公众的认知中，系争商标文字指向该姓名权人；二是系争商标的注册给他人姓名权可能造成损害。在具体审理实践中，未经许可使用公众人物的姓名申请注册商标的，或者明知为他人的姓名，却基于损害他人利益的目的申请注册商标的，应当认定为对他人姓名权的损害。

实　训

【实训背景】　在注册商标无效宣告案件中，商标在先使用人或者利害关系人应当自系争商标注册之日起 5 年内提出无效宣告申请，对恶意注册的，驰名商标所有人不受 5 年的时间限制。

【实训任务】　阅读"QLED"商标无效宣告案，模拟申请人，完成注册商标无效宣告申请书的正文和首页。

教学与训练任务二　注册商标无效宣告答辩

一、注册商标无效宣告答辩基础知识

商标评审委员会受理了商标无效申请人提交的《注册商标宣告无效申请书》后，会向被争议人送达《商标争议答辩通知书》以及申请人的《注册商标宣告无效申请书》（副本），被争议人需要在法定时限内做出答辩。

（一）法律依据

《商标法实施条例》第 58 条规定，商评委受理商标评审申请后应当及时将申请书副本送交对方当事人，限其自收到申请书副本之日起 30 日内答辩；期满未答辩的，不影响商评委的评审。

《商标评审规则》第 21 条第 1 款规定，评审申请有被申请人的，商评委受理后，应当及时将申请书副本及有关证据材料送达被申请人。被申请人应当自收到申请材料之日起 30 日内向商评委提交答辩书及其副本；未在规定期限内答辩的，不影响商评委的评审。

《商标争议答辩通知书》以及《注册商标宣告无效申请书》（副本）的送达对象应为争议商标的所有人，包括申请取得和转让取得的商标所有人。

争议商标所有人非外国人或外国企业的，《商标争议答辩通知书》以及《注册商标宣告无效申请书》（副本）应直接送达给本人；争议商标所有人为外国人或外国企业的，《商标争议答辩通知书》及《注册商标宣告无效申请书》（副本）应送达给指定的国内接收人，其次送达给最后一个申请办理该商标事宜的代理机构。

（二）商标无效宣告答辩所需材料

（1）《注册商标争议答辩书》，文书内容主要针对申请人的"事实和理由"展开阐述。

（2）《商标争议答辩通知书》及信封。

（3）其他有关证件材料和实务证据。

（4）商标争议人答辩人的身份资料。

（5）若有委托，委托代理机构需要提供委托书。

（6）答辩人需要在提出复审申请后补充有关证据材料的，应当在申请书中声明，并自提交申请书之日起3个月内提交与申请书相同份数的证据材料；未在申请书中声明或者期满未提交的，视为放弃补充有关证据材料。

《商标评审规则》第23条第2款规定，对当事人在法定期限内提供的证据材料，有对方当事人的，商评委应当将该证据材料副本送达给对方当事人。当事人应当在收到证据材料副本之日起30日内进行质证。

（三）商标争议的评审和裁定

根据《商标法》《商标法实施条例》以及《商标评审规制》的相关规定，商标评审委员会针对已经受理的商标争议申请进行评审和裁定。经审理终结的案件，商标评审委员会依法作出裁定，并书面通知双方当事人。

（1）商标评审委员会在评审组认为争议申请成立的，作出撤销被争议商标的裁定。

（2）商标评审委员会在评审中，认为争议申请不成立的，作出争议商标予以维持的裁定。

（3）商标争议当事人在收到《商标争议裁定书》之日起30天内对评审裁定不服的，可以向北京知识产权法院提起行政诉讼，裁定生效。

二、注册商标无效宣告典型案例

"SENTALLOY" 商标无效宣告案

（一）基本案情

"SENTALLOY"商标（以下称争议商标）由拓某株式会社（即本案被申请人）于2011年10月14日提出注册申请，核定使用在第10类医疗器械和仪器等商品上，2012年12月14日获准注册。2015年6月11日，登士柏国际有限公司（即本案申请人）对争议商标提出无效宣告请求。申请人称，申请人是牙科设备及用具领域处于领先地位的跨国集团公司，经过申请人多年的使用和宣传，申请人的"登士柏"、"MICROARCH"、"OMNIARCH"及"SENTALLOY"等相关商标在业内已经具有极高的知名度和影响力，为相关领域消费者所知悉。被申请人与申请人签署有经销合作协议，争议商标的注册违反了《商标法》第15条第2款的规定，应被予以宣告无效。对此，被申请人答辩称：申请人曾经对本件商标提出过争议申请，其主张争议商标的注册违反了《商标法》第15条的规定。虽然本次提交的手续名称为无效宣告申请，但其请求撤销争议商标注册的主要法律依据以及事实和理由与之前提起的撤销争议商标申请中阐述的事实和理由基本相同，因此，申请人的请求违反了一事不再理的原则，应予以驳回，请求维持争议商标注册。

（二）裁定结果

商标评审委员会经审理认为，本案中，争议商标获准注册日期早于 2014 年 5 月 1 日，根据法不溯及既往的原则，本案的实体问题应适用 2013 年修改前的《商标法》，相关程序问题适用 2013 年修改后的《商标法》。修改后《商标法》第 15 条第 2 款在修改前《商标法》中无相关规定，申请人请求依据该项规定宣告争议商标无效的主张缺乏法律依据，商评委不予支持。同时，商评委已对争议商标是否违反修改前《商标法》第 15 条等规定作出无效宣告请求裁定书，本案中申请人未提交新的事实和理由的情况下，根据《商标法实施条例》第 57 条第 3 款、第 62 条和《商标评审规则》第 19 条的规定，申请人此项理由应予以驳回。争议商标依法予以维持注册。

（三）典型意义

本案涉及对于"一事不再理"的认定。《商标法实施条例》第 62 条规定，商标评审委员会对商标评审申请已经作出裁定或者决定的，任何人不得以相同的事实和理由再次提出评审申请。但是，经不予注册复审程序予以核准注册后向商标评审委员提起宣告注册商标无效的除外。本案为曾经对系争商标提出过无效宣告，再次以相同的事实和理由提出无效宣告的情况。一事不再理为实务中的习惯用语，基于对行政行为确定力的要求，商标评审裁定应受到"一事不再理"原则的限制。一事不再理原则的适用关键在于对"一事"即相同的事实和理由的界定。在判断是否"一事"时，主要从两个方面考虑：一是提出的理由，该理由一般以法定理由为限，如果是以新的法律依据提出的评审申请，即认为不属于相同的理由；二是主张的事实，事实以证据为依托，审理中不能仅根据证据数量的差异来认定是否构成新的事实。通常，当事人如果依据在前案之后新发现的证据，或者在前案中因客观原因无法取得或在规定的期限内不能提供的证据提出评审申请的，即认为不属于相同的事实。而对于明显不属于前案之后新发现的、新产生的证据，不应予以考虑。据此，只要事实和理由其中之一或者两者全都不是相同的，商标评审委员会都会认为不属于相同的事实和理由而进行实质审理。

实　训

【实训背景】

"百雀林 Baiquelin" 商标无效宣告请求裁定

一、案情简介

被申请人于 2015 年 4 月 27 日向商标局提出"百雀林 Baiquelin"商标申请，并于 2016 年 6 月 21 日被核定使用在第 25 类服装、内衣等商品上，现为有效注册商标。申请人于 2016 年 12 月 14 日对第 16807318 号"百雀林 Baiquelin"商标（以下称争议商标）提出无效宣告请求。

申请人的主要理由：

（1）争议商标与申请人在先注册的第8957890号"百雀羚"商标、第8957865号"百雀羚"商标、第8957851号"百雀羚"商标（以下称引证商标一、二、三）构成使用在同一种或类似商品上的近似商标。

（2）"百雀羚"为申请人独创，并且经过使用已具有很高的知名度，其第654197号"百雀羚"商标、第1437205号"百雀羚"商标（以下称引证商标四、五）被认定为化妆品商品上的驰名商标，争议商标的申请注册已构成对申请人驰名商标的复制和摹仿。

（3）争议商标的申请注册侵犯了申请人关联企业的在先商号权。

（4）争议商标本身具有很强的欺骗性，极易导致消费者对商品来源的混淆、误认。被申请人申请注册争议商标的行为具有恶意，违反了诚实信用原则，构成不正当竞争。

综上，申请人请求依据《商标法》的相关规定，宣告争议商标无效。

被申请人答辩的主要理由：

（1）争议商标与引证商标含义不同，二者未构成使用在同一种或类似商品上的近似商标，争议商标的注册和使用不会造成消费者混淆、误认。

（2）引证商标申请日晚于争议商标的申请日，争议商标未侵犯申请人的在先权利，申请人提交的证据不足以证明其商标经过使用已具有一定的影响。

（3）申请人称争议商标是对引证商标的复制摹仿，但未提交任何充分的证据加以证明。综上，申请人的理由均不成立，请求维持争议商标的注册。

经过审理查明，商评委认定以下问题：

（1）争议商标核定使用的服装等商品与引证商标二核定使用的衣扣等商品、引证商标三核定使用的材料处理信息等服务不属于类似商品和服务，故争议商标与引证商标二、三并存未构成《商标法》第30条所指的使用在同一种或类似商品和服务上的近似商标。

（2）本案中，虽然申请人提交的证据可以证明引证商标三、四经使用在化妆品商品上具有一定知名度，但不足以证明于争议商标申请日之前在化妆品商品上已达到驰名程度。

（3）申请人称争议商标的申请注册侵犯了其关联企业的商号权，并依据《商标法》第32条所指的"侵犯他人现有的在先权利"的规定主张权利。但鉴于申请人并未提交证据证明申请人与上海百雀羚日用化学有限公司之间存在何种关联，故争议商标的注册未违反《商标法》第32条"不得损害他人现有的在先权利"（商号权）的规定。

（4）《商标法》第10条第1款第7项规定是指商标标识本身带有欺骗性，易使公众对商品的质量等特点或者产地产生误认的情形。《商标法》第10条第1款第8项所称的不良影响是指商标本身有害于社会主义道德风尚或者会对我国的政治制度、宗教、风俗习惯等产生损害的情形。申请人称争议商标的注册违反了上述规定，并以此请求宣告争议商标无效的主张，但因其缺乏事实依据，商评委不予支持。

（5）《商标法》第44条第1款所指的以欺骗手段或者其他不正当手段取得注册的行为，是指系争商标注册人在申请注册商标的时候，采取了向商标行政主管机关虚构或者隐瞒事实真相、提交伪造的申请书件或者其他证明文件，以骗取商标注册的行为，以及基于不正当竞争、牟取非法利益的目的，恶意进行注册的行为。申请人主张该条款，但缺乏事实依据，商评委不予支持。

综上，申请人无效宣告理由部分成立。

【实训任务】

（1）阅读上述案例，根据申请人的申请理由，模拟被申请人试撰写答辩书。

（2）制作答辩材料目录。

训练项目三　商标撤销和注销

学习目标

（1）熟悉撤销注册商标制度。

（2）了解撤销注册商标的类型。

（3）掌握撤销连续三年不使用注册商标的判断依据。

（4）掌握无效宣告答辩等业务技能。

教学与训练任务一　撤销注册商标

一、撤销注册商标的概念和类型

注册商标的撤销是商标局对违法使用商标的注册人依法强制取消已经注册的商标的一种强制性法律措施，也是违法者应当承担的行政法律责任。商标注册人负有规范使用和连续使用注册商标并积极维护注册商标显著性的法定义务。《商标法》禁止自行改变注册商标以及注册商标的注册人名义、地址或者其他注册事项等行为。商标权因注册商标被注销而消灭。

对商标局撤销注册商标的决定，当事人不服的，可以自收到通知之日起 15 日内向商标评审委员会申请复审，由商标评审委员会在 9 个月内作出决定，并书面通知申请人。有特殊情况需要延长的，经主管部门批准，可以延长 3 个月。当事人对商标评审委员会的决定不服的，可以自收到通知之日起 30 日内向人民法院起诉。

注册商标的撤销主要有以下几类：

（1）违法改正撤销。

商标注册人在使用注册商标的过程中，自行改变注册商标、注册人名义、地址或者其他注册事项的，由地方工商行政管理部门责令限期改正；期满不改正的，由商标局撤销其注册商标。违法改正商标被撤销的，商标权自商标局的撤销决定作出之日起终止。

（2）直接撤销。

1）注册商标成为其核定使用的商品的通用名称被撤销。申请人对于这种情况通常会依据《商标法》第 11 条，以核准使用的注册商标缺乏显著性为由提出撤销申请。商标通用名称化会削弱商标的显著性，这种削弱最终会导致消费者将商标误认为是某种商品。最典型的案件如阿司匹林和优盘。可口可乐公司也曾发起商标拯救计划，避免可口可乐商标成为碳酸饮料的通用名称。

2）连续三年不使用被撤销。《商标法》第 49 条规定，注册商标没有正当理由连续三年不使用的，任何单位或者个人可以向商标局申请撤销该注册商标，俗称为"撤三"制度。连续三年不使用注册商标，是指一个注册商标在其有效期内不使用，且该状态不间断地持续三年以上。连续三年不使用注册商标的时间起算，应当自申请人向商标局申请撤销该注册商标之日起，向前推算三年。该立法目的在于督促商标注册人合法有效使用商标，客观上起到清理闲置商标、遏制恶意注册、维护公平竞争秩序的目的，可在一定程度上抑制"注而不用"，遏制滥用注册商标专用权谋取不正当利益的行为。

二、撤销注册商标案件的审理标准

（一）是否存在自行改变注册商标情形的判定

自行改变注册商标是指商标注册人或者被许可使用人在实际使用注册商标时，擅自改变该商标的文字、图形、字母、数字、立体形状、颜色组合等，导致原注册商标的主要部分和显著特征发生变化。改变后的标志与原注册商标相比，易被认为不具有同一性。

存在上述行为，且经地方工商行政管理部门责令商标注册人限期改正但拒不改正的，依法予以撤销。

（二）是否存在自行改变注册商标的注册人名义、地址或者其他注册事项情形的判定

（1）自行改变注册商标的注册人名义，是指商标注册人名义（姓名或者名称）发生变化后，未依法向商标局提出变更申请，或者实际使用注册商标的注册人名义与《商标注册簿》上记载的注册人名义不一致。

（2）自行改变注册商标的注册人地址，是指商标注册人地址发生变化后，未依法向商标局提出变更申请，或者商标注册人实际地址与《商标注册簿》上记载的地址不一致。

（3）自行改变注册商标的其他注册事项，是指除商标注册人名义、地址之外的其他注册事项发生变化后，注册人未依法向商标局提出变更申请，致使与《商标注册簿》上登记的有关事项不一致。

存在上述行为之一的，且经地方工商行政管理部门责令商标注册人限期改正但拒不改正的，依法予以撤销。

（三）是否存在注册商标成为其核定使用商品的通用名称情形的判定

（1）注册商标成为其核定使用商品的通用名称，是指原本具有商标显著特征的注册商标，在市场实际使用过程中，退化为其核定使用商品的通用名称。

（2）判定系争商标是否属于商品的通用名称，适用《商标审查标准》第二部分"商标显著特征的审查"之三"仅有本商品的通用名称、图形、型号的"。

（3）判断注册商标成为其核定使用商品的通用名称的时间点，一般应以提出撤销申请时的事实状态为准，案件审理时的事实状态可以作为参考。

（4）适用要件：

1）注册商标在其获准注册之时尚未成为其核定使用商品的通用名称。

2）注册商标在被提出撤销申请时已成为其核定使用商品的通用名称。

（四）"撤三"商标使用情况及具体表现形式的判定

1. 商标使用情况的判定

商标局或商评委在评审商标3年停止使用撤销申请时，针对商标权利人提交的使用证据审查的准则主要是依照《商标法实施条例》第3条的规定：商标的使用，包括将商标用于商品、商品包装或者容器以及商品交易文书上，或者将商标用于广告宣传、展览以及其他商业活动中，用于识别商品来源的使用行为。商标权人需要提供自己的使用证据，商标局或商评委针对商标权人提供的证据的真实性、合法性、关联性展开评审。

2. 商标使用在指定商品上的具体表现形式

（1）采取直接贴附、刻印、烙印或者编织等方式将商标附着在商品、商品包装、容器、标签等上，或者使用在商品附加标牌、产品说明书、介绍手册、价目表等上。

（2）商标使用在与商品销售有联系的交易文书上，包括使用在商品销售合同、发票、票据、收据、商品进出口检验检疫证明、报关单据等上。

（3）商标使用在广播、电视等媒体上，或者在公开发行的出版物中发布，以及以广告牌、邮寄广告或者其他广告方式为商标或者使用商标的商品进行的广告宣传。

（4）商标在展览会、博览会上使用，包括在展览会、博览会上提供的使用该商标的印刷品以及其他资料。

（5）其他符合法律规定的商标使用形式。

3. 商标使用在指定服务上的具体表现形式

（1）商标直接使用于服务场所，包括使用于服务的介绍手册、服务场所招牌、店堂装饰、工作人员服饰、招贴、菜单、价目表、奖券、办公文具、信笺以及其他与指定服务相关的用品上。

（2）商标使用于和服务有联系的文件资料上，如发票、汇款单据、提供服务协议、维修维护证明等。

（3）商标使用在广播、电视等媒体上，或者在公开发行的出版物中发布，以及以广告牌、邮寄广告或者其他广告方式为商标或者使用商标的服务进行的广告宣传。

（4）商标在展览会、博览会上使用，包括在展览会、博览会上提供的使用该商标的印刷品及其他资料。

（5）其他符合法律规定的商标使用形式。

4. 系争商标不存在连续三年不使用情形的举证

系争商标不存在连续三年不使用情形的举证责任由系争商标注册人承担。

用以证明系争商标不存在连续三年不使用的情形的证据材料，应当符合以下要求：

（1）能够显示出使用的系争商标标识。

（2）能够显示出系争商标使用在指定使用的商品或服务上。

（3）能够显示出系争商标的使用人，既可以是商标注册人自己，也可以是商标注册人许可的他人。如许可他人使用的，应当能够证明许可使用关系的存在。

（4）能够显示出系争商标的使用日期，且应当在自撤销申请之日起向前推算三年内。

（5）能够证明系争商标在《商标法》效力所及地域范围内的使用。

仅提交下列证据，不视为商标法意义上的商标使用：

（1）商品销售合同或提供服务的协议、合同。

（2）书面证言。

（3）难以识别是否经过修改的物证、视听资料、网站信息等。

（4）实物与复制品。

以下情形，不被视为商标法意义上的商标使用：

（1）商标注册信息的公布或者商标注册人关于对其注册商标享有专用权的声明。

（2）未在公开的商业领域使用。

（3）仅作为赠品使用。

（4）仅有转让或许可行为而没有实际使用。

（5）仅以维持商标注册为目的的象征性使用。

商标注册人提交的使用证据如果改变了注册商标的主要部分和显著特征，则不能认定为注册商标的使用。

商标注册人应当在核定使用的商品上使用注册商标。商标注册人在核定使用的商品上使用注册商标的，在与该商品相类似的商品上的注册可予以维持。商标注册人在核定使用商品之外的类似商品上使用其注册商标，不能视为对其注册商标的使用。

三、撤销注册商标的注意事项

（一）撤三制度中商标注册人承担举证责任

依据《商标法实施条例》第66条规定，撤三制度中由商标注册人承担举证责任。基于纠正绝对注册主义所造成的商标注册人"注而不用"以及撤销申请人滥用现象，近年来，行政机关和司法机关对商标使用的认定原则产生了一个新变化，从单凭"符合法律规定形式的使用"发展到运用"商标法意义上的使用"标准，实事求是地对商标使用的公开性和真实性进行求证，对于不符合商标法意义上的使用证据进行排除。行政机关和司法机关对伪造证据从严审查。对伪造证据零容忍。《北京市高级人民法院关于当前知识产权审判中需要注意的若干法律问题》认为，如果商标注册人提供的部分使用证据系伪造，则应当对所有证据从严审查，相应提高证明标准，并应当对伪造证据的行为进行处罚，以儆效尤。例如在第1707490号"川湖及图"撤销复审案中，撤销申请人以查验发票不存在为由，认为注册人提交的发票系伪造，注册人未作出充分合理的说明，法院对发票的证明效力未予采信。

（二）商标代理机构应当帮助被代理人规范商标的使用管理

（1）指导申请人：引导、鼓励申请人提供撤销事实、理由和说明材料，避免恶意申请、盲目申请的现象发生。鼓励正当竞争，避免浪费国家行政和司法资源。

（2）指导注册人：保存商标使用证据，按照行政和司法机关要求提交使用证据。

（3）缩减纸质证据材料至100页以内。

（4）倡导用光盘形式代替纸质形式提交证据材料。

（三）企业应当建立规范有效的商标使用管理制度

企业应增强商标管理意识，重视商标使用，预防"被撤三"风险。

（1）要做好商标使用证据的留存，日常经营中备份各种使用证据，分类收集整理。《商标档案管理办法》规定了商标档案收集、整理、归档、保管和提供利用的要求和方法，为企业和其他组织加强内部商标档案管理提供了参考。企业可以参照《商标档案管理办法》，建立企业商标档案工作制度，完善企业商标档案工作体系，将商标档案作为企业档案中一个重要组成部分，做好收集、整理、归档、保管、检索和提供利用等工作，助力企业加强商标注册、运用、管理和保护。

（2）在商标局注册的地址如果无法查收信件，应及时按要求办理地址变更申请，以保证能收到商标局和商评委发出的各种文书，及时维护自己的权利。

四、撤销注册商标的典型案例

"ARTE COLL"及图商标撤销复审案

（一）基本案情

广州爱某芙化妆品有限公司（以下称被申请人）的"ARTE COLL"及图（见图4-3）商标（以下称复审商标）于2012年5月7日获准注册，指定使用在第3类"洗发液、化妆品"等商品上。爱某芙医疗投资有限公司（申请人）于2015年6月23日以复审商标连续三年停止使用为由向商标局提出撤销申请，商标局于2016年4月26日作出维持复审商标注册的决定。申请人不服商标局的决定，于2016年5月23日向商标评审委员会提出撤销复审申请。

图4-3 "ARTE COLL"及图商标

（二）审理结果

商标评审委员会经审理认为，被申请人虽提交了合作协议、产品购销合同及销售单、印刷合同、发票等证据，但仅可证明复审商标一直使用在"面膜"商品上，而非本案复审商标所核定使用的"化妆品"等商品。因此，上述证据均不能证明被申请人在复审期间内将复审商标使用在"化妆品"等复审商品上。复审商标应予撤销注册。

（三）典型意义

《商标法》第49条第2款规定，注册商标没有正当理由连续三年不使用的，任何单位或者个人可以向商标局申请撤销该注册商标。《商标法》第56条规定：注册商标的专用权，以核准注册的商标和核定使用的商品为限。据此可知商标注册人应当在核定使用的商品上使用注册商标。商标注册人在核定使用的商品上使用注册商标的，在与该商品相类似的商品上的注册可予以维持。商标注册人在核定使用商品之外的类似商品上使用其注册商标，不能视为对其注册商标的使用。本案中，被申请人实际使用的"面膜"商品虽与复审商标核定使用的"化妆品、口红、指甲油"商品属于类似商品，但"面膜"商品并非复审商标所核定使用的商品，故商标评审委员会认定复审商标未在"化妆品、口红、指甲油"商品进行有效的商业使用。

实　训

【实训任务】　阅读上述案例，请模拟申请人爱某芙医疗投资有限公司，起草撤销连续三年不使用注册商标申请书。

教学与训练任务二　注销注册商标 >>>

一、注销注册商标的概念

注册商标的注销是指商标主管机关基于某些原因取消注册商标的一种管理措施，是商标权的正常消灭情况。在下列情况下，商标局可以注销注册商标：

（1）注册商标法定期限届满，未续展和续展未获批准的。

（2）商标注册人申请注销其注册商标或者注销其商标在部分指定商品上的注册的，该注册商标专用权或者该注册商标专用权在该部分指定商品上的效力自商标局收到其注销申请之日起终止。

（3）商标注册人死亡或者终止，自死亡或者终止之日起一年期满，该注册商标没有办理转移手续的，任何人可以向商标局申请注销该注册商标。提出注销申请的，应当提交有关该商标注册人死亡或者终止的证据。注册商标因商标注册人死亡或者终止而被注销的，该注册商标专用权自商标注册人死亡或者终止之日起终止。

二、注销注册商标的条件及文书材料

（一）注销注册商标的类型

注销注册商标主要有以下三类：

（1）主动注销。商标注册人自愿放弃商标权，并申请注销其注册商标或者注销其商标在部分指定商品上的注册的，应当到商标局办理注册商标的注销手续。

商标注册人申请注销其注册商标或者注销其商标在部分指定商品上的注册，经商标局核准注销的，该注册商标专用权或者该注册商标专用权在该部分指定商品上的效力自商标局收到其注销申请之日终止。

（2）未续展注销。注册商标到期后，若没有在法定时间内提出商标续展申请或续展申请没有获得批准，则该注册商标权自有效期届满之日起丧失。未续展注销不需要提交任何法律申请文书。

（3）商标注册人消亡，对于自然人而言在法律规定的期限内无人要求继承注册商标的；对于企业而言，若不存在企业合并的情况，商标局将注销其注册商标。若有合法继承人，其合法继承人申请也可以注销商标权。在实践中为避免无主商标占用注册簿，《商标法实施条例》第47条规定，商标注册人死亡或者终止，自死亡或者终止之日起一年期满，该注册商标没有办理转移手续的，任何人可以向商标局申请注销该注册商标。提出注销申请的，需要提供商标权人死亡或终止的证据。

（二）注销注册商标的文书材料

主动注销的情况下需要提交以下法律文书：

（1）《商标注销申请书》。申请部分注销的，应填写申请注销的商品或服务项目。

（2）《商标注册证》原件，不能交回原件的，应当说明原因。

（3）申请人的主体资格证明文件（如企业的营业执照副本、自然人的身份证或护照等）及经申请人盖章或者签字确认的复印件（直接在商标注册大厅、商标局驻中关村国家自主创新示范区办事处办理的，原件经比对后退还）。

（4）直接在商标注册大厅办理的提交经办人的身份证及复印件（原件经比对后退还）。

（5）申请文件为外文的，还应提供中文译本。

具体说明：

（1）申请书要按照要求逐一填写，且必须用电脑填写并打印，对于手写的申请书商标局不予受理。申请人是自然人的，应在姓名后填写身份证件号码。

（2）一份申请书填写一个商标注册号。

（3）委托商标代理机构办理的，应提交商标代理委托书。

（4）办理注销申请的商标为共有商标的，应以代表人的名义提出申请。

（5）注册人名义发生变更的，在申请商标注销时应当以变更后的名义申请，同时提交主管登记部门出具的变更证明。变更证明可以是登记机关变更核准文件复印件也可以是从登记机关官方网站下载打印的相关档案。

（6）办理注销申请必须为注册商标。质押查封中的商标，须经质权人同意才可注销。以下情况的商标不能被核准注销：

1）异议、异议复审、诉讼中的商标；

2）专用期已届满，但尚在宽展期内的商标；

3）冻结中的商标。

（7）申请注销注册商标无需缴纳规费。

 **实　训**

【实训背景】　墨 G 公司曾经是某市一家从事服装及制鞋传统加制造工业的知名企业，为扩张市场，其在多个类别上注册了商品商标。后由于企业设备陈旧，加之经营不善，墨 G 公司无法维持其企业品牌的运营维护费用，品牌价值一落千丈。现墨 G 公司欲保留其在第 25 类足球鞋 250075 及运动鞋 250130 类别上的注册商标，注销其在第 25 类帽子 25004 和 26 类帽用饰物 260016 商品类别上的商标。

【实训任务】

（1）通过商标查询，查找一个有多个类别的注册商标。

（2）根据实训背景内容，模拟商标注册人填写商标注销申请书及准备相关的法律文书。

综合项目五　商标诉讼及维权法律事务

训练项目一　商标民事诉讼

学习目标

（1）了解商标的民事诉讼业务内容及业务流程。

（2）熟悉商标侵权行为的主要内容以及相应的法律责任。

（3）了解商标侵权民事诉讼业务类型。

（4）结合前面各章节有关内容进一步理解商标权保护的法律意义及相关法律依据。

教学与训练任务一　商标的民事诉讼业务内容及业务流程 >>>

一、商标权的保护范围

商标权的保护范围是指商标权人有权禁止他人在与其核定使用的相同或类似的商品上使用与其核准注册商标相同或者相近似的商标。

注册商标的权利范围与权利保护范围不同，权利保护范围大于权利范围。《商标法》第56条为核准注册的商标的权利范围作了界定：注册商标的专用权，以核准注册的商标和以核定使用的商品为限，商标权人使用的商品应当和商标局核定使用的商品相一致。超出权利范围的使用就是非法使用，也不会受到法律保护。

二、商标侵权行为及其认定标准

商标侵权行为是指他人违反《商标法》的规定，在相同或类似的商品或服务上未经商标权人同意擅自使用与注册商标相同或近似的标识，造成消费者对商品来源发生混淆，损害商标权人合法利益的行为。

《商标法》确立了判断商标侵权的标准，即"容易导致混淆"原则。

三、侵犯注册商标专用权的行为类型

根据《商标法》第57条，有下列行为之一的，均属侵犯注册商标专用权：

（1）未经商标注册人的许可，在同一种商品上使用与其注册商标相同的商标的。这里强调的是同一商品使用同一商标，是一种直接的明示侵权。

（2）未经商标注册人的许可，在同一种商品上使用与其注册商标近似的商标，或者在类似商品上使用与其注册商标相同或者近似的商标，容易导致混淆的。

根据《商标法实施条例》第76条规定，在同一种商品或者类似商品上将与他人注册商标相同或者近似的标志作为商品名称或者商品装潢使用，误导公众的，属于《商标法》第57条第2款规定的侵犯注册商标专用权的行为。

（3）销售侵犯注册商标专用权的商品的。这里强调的是同一商品使用近似商标，这里的商标是否构成近似需要进行近似判断，一般以是否容易导致消费者误认为主要判断标准。

（4）伪造、擅自制造他人注册商标标识或者销售伪造、擅自制造的注册商标标识的。需要注意的是，这里的侵权行为包括伪造、制造、销售非法商标。

（5）未经商标注册人同意，更换其注册商标并将该更换商标的商品又投入市场的。这种行为通常又称为反向假冒。比如，甲公司生产的炼乳质量很好，深得某地消费者信赖，乙公司为了打开市场，先合法买到大批甲公司生产的炼乳，再将其瓶子上的注册商标撕下，换成乙公司的商标，谎称是自己生产的，以换取市场的认可。这种做法，实质上是侵犯了甲公司以商标标识自己产品的权利，因而为法律所禁止。反向假冒行为与直接的商标假冒行为相比，具有更强的复杂性和隐蔽性，属于商标侵权行为。反向假冒侵权行为在国内贸易中比较罕见，在国际贸易中时有发生。

（6）故意为侵犯他人商标专用权行为提供便利条件，帮助他人实施侵犯商标专用权行为的。这里要着重理解提供便利和帮助的行为，根据《商标法实施条例》第75条规定，为侵犯他人商标专用权提供仓储、运输、邮寄、印制、隐匿、经营场所、网络商品交易平台等，属于《商标法》第57条第6款规定的提供便利条件，但要求行为人主观上是明知故犯。

（7）给他人的注册商标专用权造成其他损害的。

四、商标侵权诉讼流程

商标权被他人侵犯，可以通过行政方法来维权，即向地方工商管理部门投诉，也可以直接向法院提起诉讼。向法院提起诉讼的业务流程如下（见图5-1）：

首先，在起诉阶段，原告应根据法律规定，确认侵权行为类型，确定侵权行为人（即被告人），撰写符合法律文书要求的起诉状。另外，在起诉阶段，原告还需要准备相应的证据，包括诉前证据收集以及证据保全。

原告及其代理人需要根据相关法律规定确定管辖法院。这里可参看的法律法规包括《最高人民法院关于审理案件有关管辖和法律适用范围问题的解释》、《最高人民法院关于印发基层人民法院管辖第一审知识产权民事案件标准的通知》以及《最高人民法院关于审理商标民事纠纷案件适用法律若干问题的解释》等相关规定。

其次，在立案阶段，原告确定管辖法院后，向法院提起诉讼，提交规范的起诉文书，缴纳诉讼费。法院收到诉讼请求后，向原告出具立案通知书，并通知被告答辩。被告方在接到法院通知书后，应提交答辩状。

最后，在庭审阶段，双方应在确定的开庭时间出庭应诉。庭审阶段包括庭前的证据交换、开庭审理和判决。

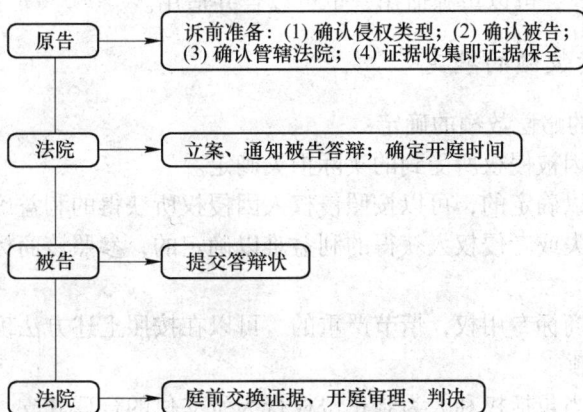

图 5-1 商标侵权诉讼流程

五、确认管辖法院

（一）管辖级别的确认

商标民事纠纷第一审案件，由中级以上人民法院管辖。各高级人民法院根据本辖区的实际情况，经最高人民法院批准，可以在较大城市确定 1 至 2 个基层人民法院受理第一审商标民事纠纷案件。

涉及驰名商标保护的民事案件，由省、自治区人民政府所在地市、计划单列市、直辖市辖区中级人民法院及最高人民法院指定的其他中级人民法院管辖。

北京知识产权法院和上海知识产权法院管辖所在市辖区内涉及驰名商标认定的第一审民事案件，广州知识产权法院管辖广东省内的涉及驰名商标认定的第一审民事案件。

（二）管辖地域的确认

商标民事纠纷诉讼的管辖地域包括：

（1）侵权行为的实施地。

（2）侵权商品的储藏地或者查封扣押地。侵权商品的储藏地是指大量或者经常性储存、隐匿侵权商品所在地。查封扣押地是指海关、工商等行政机关依法查封、扣押侵权商品所在地。

（3）被告住所地人民法院管辖。对涉及不同侵权行为实施地的多个被告提起的共同诉讼，原告可以选择其中一个被告的侵权行为实施地人民法院管辖；仅对其中某一被告提起的诉讼，该被告侵权行为实施地的人民法院有管辖权。

六、商标侵权的民事责任

（一）商标侵权的民事责任类型

依据《民法总则》第 179 条的规定，承担民事责任的方式主要有：停止侵害；排除妨碍；消除危险；返还财产；恢复原状；修理、重做、更换；继续履行；赔偿损失；支付违约金；消除影响、恢复名誉；赔礼道歉。法律规定惩罚性赔偿的，依照其规定。本条规定的承担民事责任的方式，可以单独适用，也可以合并适用。

（二）侵权赔偿数额的确定

侵犯商标专用权的赔偿数额的确定：

（1）按照权利人因被侵权所受到的实际损失确定。

（2）实际损失难以确定的，可以按照侵权人因侵权所获得的利益确定。

（3）权利人的损失或者侵权人获得的利益难以确定的，参照该商标许可使用费的倍数合理确定。

（4）对恶意侵犯商标专用权，情节严重的，可以在按照上述方法确定数额的一倍以上三倍以下确定赔偿数额。

（5）赔偿数额应当包括权利人为制止侵权行为所支付的合理开支。

人民法院为确定赔偿数额，在权利人已经尽力举证，而与侵权行为相关的账簿、资料主要由侵权人掌握的情况下，可以责令侵权人提供与侵权行为相关的账簿、资料；侵权人不提供或者提供虚假的账簿、资料的，人民法院可以参考权利人的主张和提供的证据判定赔偿数额。

（6）权利人因被侵权所受到的实际损失、侵权人因侵权所获得的利益、注册商标许可使用费难以确定的，由人民法院根据侵权行为的情节判决给予三百万元以下的赔偿。

教学与训练任务二　　商标民事诉讼案例分析

一、侵犯商标专用权纠纷案例

武汉 A 生物有限公司与云南省曲靖市 B 康药业公司药业有限责任公司侵害商标权纠纷

（一）案情简介

武汉 A 生物有限公司是注册商标"夫专家"的注册人，核定使用商品为人用药、医用药膏、消毒剂、兽医用药、杀虫剂、灭微生物剂、外科敷料、止痒水、膏剂、医药用洗液。注册有效期限为 2013 年 8 月 7 日至 2023 年 8 月 6 日。2014 年，武汉 A 生物有限公司发现 B 康药业公司销售其"夫专家"的膏剂制品。

B 康药业公司属于相关职能部门核准经营药品的企业。在该案中，武汉 A 生物有限公司申请对其在 B 康药业公司药店购买药品的事实进行公证，云南省曲靖市珠江源公证处对购买药品的事实进行了公证，并封存了 8 盒夫专家产品，8 盒产品上注明武汉 A 生物有限公司出品、武汉祥某生物药业有限公司生产。庭审中，武汉 A 生物有限公司陈述与武汉祥某生物药业有限公司原来是合作关系。

武汉 A 生物有限公司认为 B 康药业公司销售的产品侵害了其商标专用权，遂向法院提起诉讼。

（二）法院认定

1. 一审概况

一审法院认为：武汉 A 生物有限公司经商标局核准注册取得"夫专家"的商标专用

权，武汉 A 生物有限公司系上述注册商标的权利人，受法律保护。

但武汉 A 生物有限公司与武汉祥某生物药业有限公司原来系合作关系，双方合作生产过夫专家产品。武汉 A 生物有限公司不能提供双方合作协议、授权经营起止期限、授权范围等确认武汉祥某生物药业有限公司侵权的依据，武汉祥某生物药业有限公司是否侵权尚未确认。B 康药业公司销售标注武汉 A 生物有限公司出品、武汉祥某生物药业有限公司生产的产品是否为侵权产品尚未确认。武汉 A 生物有限公司认为 B 康药业公司侵害其注册商标专用权的诉讼请求没有依据。

《商标法》第 64 条第 2 款规定："销售不知道是侵犯注册商标专用权的商品，能证明该商品是自己合法取得并说明提供者的，不承担赔偿责任。"本案中，B 康药业公司主观上没有销售侵犯注册商标专用权商品的过错，且进货来源方提供了相关材料证实其具有相应商品权利，应当认定 B 康药业公司尽到了合理审查义务，B 康药业公司支付了货款、说明了提供者，不应承担赔偿责任。

原审判决宣判后，原审原告武汉 A 生物有限公司不服，提起上诉。原告提出以下事实和理由：

原判认定事实不清，证据不足。原审仅根据 B 康药业公司提供的进货记录截图和送货单就认定其销售的"夫专家"系列产品有进货来源方并支付了货款，明显证据不足，因为进货记录截图上不能看出买方是 B 康药业公司，且该证据无原件予以印证，无法核实其真实性；而且送货单是武汉某某化妆品有限公司的，上面没有 B 康药业公司的签章。原审要求武汉 A 生物有限公司提供其与武汉祥某生物药业有限公司的合作协议，由于双方无书面的合作协议，武汉 A 生物有限公司就提供了武汉祥某生物药业有限公司出具的双方就"夫专家"产品加工生产的合作已于 2013 年 3 月 1 日终止的申明书，但原审却认定武汉 A 生物有限公司不能提供双方合作协议、授权经营起止期限、授权范围等确认武汉祥某生物药业有限公司侵权的依据，属认定事实不清。

2. 二审概况

二审法院认为该案的争议焦点在于 B 康药业公司是否实施了侵害武汉 A 生物有限公司"夫专家"注册商标专用权的行为。所以，武汉 A 生物有限公司要证明 B 康药业公司实施了侵害其"夫专家"注册商标专用权的行为，首先要证明经过公证购买的 8 盒"夫专家"产品为侵权产品。

二审法院对上诉人提交的证据进行了详细的查明：

证据一是武汉祥某生物药业有限公司于 2015 年 9 月 10 日出具的申明书。该申明书内容为武汉 A 生物有限公司已于 2013 年 3 月 1 日取消与武汉祥某生物药业有限公司有关"夫专家"产品的加工生产事宜，后期凡是标识为"武汉祥某生物药业有限公司"生产的"夫专家"系列产品均不是该公司生产，但是"后期"概念模糊，不能确定具体是从何时没有生产，且未说明双方约定如何终止生产。

证据二是武汉某某化妆品有限公司和武汉祥某生物开发有限公司于 2007 年 3 月 5 日签订的《产品加工合同书》。武汉某某化妆品有限公司委托武汉祥某生物开发有限公司加工的产品为"谷幽兰"及"肤维他"系列产品，当中包括肤专家软膏。武汉 A 生物有限公司称其和武汉某某化妆品有限公司虽然在法律上是两个不同的法人，但实际上是一套人马、两块牌子，武汉某某化妆品有限公司和武汉祥某生物药业有限公司从 2007 年就开始合作生产，只不过是其他产品，从 2009 年才开始合作生产"夫专家"产品。对此解释，B 康药业公司不予认可，武汉 A 生物有限公司又无其他证据佐证其与武汉某某化妆品有限公司的关系以及该《产品加工合同书》履行的具体情况。

证据三是武汉 A 生物有限公司和武汉祥某生物药业有限公司于 2011 年 8 月 8 日签订的《产品加工合同书》。武汉 A 生物有限公司委托武汉祥某生物药业有限公司加工的产品为"夫专家"系列产品，包括夫专家系列肤专家软膏、宝宝肤专家软膏、痛立消软膏等系列后续产品，由武汉 A 生物有限公司提供原料、包装、生产工艺及技术，武汉祥某生物药业有限公司提供生产场所、设备及人员和必要的技术支持，并负责整个产品的生产过程。武汉 A 生物有限公司称虽然该合同约定委托加工生产的"夫专家"产品包括上述产品，但实际上武汉祥某生物药业有限公司在合作期间从未生产过涉案的肤专家软膏、宝宝肤专家软膏、肤专家痛立消凝胶、肤专家螨立消凝胶四种产品。对此解释，B 康药业公司不予认可，武汉 A 生物有限公司又未有其他证据予以佐证，且与《产品加工合同书》的内容相互矛盾。

证据四是武汉祥某生物药业有限公司于 2016 年 5 月 27 日再次出具的申明书。申明书中载明其与武汉 A 生物有限公司是从 2009 年 3 月 27 日至 2013 年 3 月 1 日合作生产"夫专家"产品，2013 年 3 月 1 日之后凡是标识为"武汉祥某生物药业有限公司"生产的"夫专家"系列产品均不是该公司生产，涉案的四种"夫专家"产品均不是该公司生产。证据四中武汉祥某生物药业有限公司称其与武汉 A 生物有限公司就"夫专家"产品的合作生产是从 2009 年 3 月 27 日开始，但是双方签订《产品加工合同书》（即证据三）的时间是 2011 年 8 月 8 日，武汉 A 生物有限公司称双方从 2009 年就开始合作生产"夫专家"产品，《产品加工合同书》是后来补签的。对此，B 康药业公司不予认可，武汉 A 生物有限公司亦无其他证据予以佐证，并且申明书没有表述出武汉祥某生物药业有限公司在合作期间从未生产过涉案的四种"夫专家"产品的内容。

因此，武汉 A 生物有限公司提交的证据并不能证明其委托武汉祥某生物药业有限公司加工生产"夫专家"产品的起止期限、委托加工生产的产品不包括涉案的四种"夫专家"产品，从而不能证明公证购买的"夫专家"产品为侵权产品。

总之，武汉 A 生物有限公司主张公证购买的四种"夫专家"产品，即 B 康药业公司销售的标明武汉 A 生物有限公司出品、武汉祥某生物药业有限公司生产的四种"夫专家"产品系侵害其"夫专家"注册商标专用权的商品缺乏充分的事实和法律依据，不能证明侵权成立。

【思考问题】

销售侵犯他人商标专用权的商品是否构成商标侵权行为？什么情况下行为人不承担赔偿责任？

【案例分析及练习】

在这起案例中，B 康药业公司的销售行为是否对武汉 A 生物有限公司的享有的注册商标专用权构成侵犯是本案的焦点问题。一审判决对于销售侵权行为的认定说理充分。二审判决更是对涉案证据进行了充分细致的比对，对证据待证事实进行了充分的论述，令人信服。

《商标法》第 64 条第 2 款规定："销售不知道是侵犯注册商标专用权的商品，能证明该商品是自己合法取得并说明提供者的，不承担赔偿责任。"该条款明确了销售侵权的关键因素，即行为人在主观上要明知销售的是侵权产品，也就是明知故犯。如果在并不知道是侵权产品的情况下，能提供正规的商品来源途径，就不属于侵权行为。本案中，B 康药业公司主观上并没有销售侵犯注册商标专用权商品的过错，且进货来源方提供了相关材料证实其具有相应商品权利，应当认定 B 康药业公司尽到了合理审查义务，B 康药业公司支付了货款、说明了提供者，因此有理由推定 B 康药业公司的销售行为不存在侵权，并没有违反法律的商业道德。所以，根据相关法律规定，B 康药业公司是不应承担赔偿责任的。请结合案例内容思考问题：B 康药业公司的销售行为是否构成对武汉 A 生物有限公司注册商标专用权的侵犯？能够证明 B 康药业公司不构成侵权的关键证据是哪一个？运用相关的法理知识针对以上问题展开论述，并完成书面写作。

二、商标使用许可合同纠纷案例

佛山市 A 家用电器有限公司与广东 B 电器股份有限公司商标许可使用纠纷案

（一）案情简介

2000 年 10 月 28 日，B 公司向商标局申请 "B" 商标并核准注册。2001 年 5 月，B 公司经与 A 公司协商，许可 A 公司在 VCD 机等影音产品上使用 "B" 商标，期限为 2001 年 6 月 1 日至 2004 年 5 月 31 日止；同时约定，A 公司须在使用前交纳售后服务费押金 10 万元。合约达成后，B 公司于 2001 年 5 月 10 日出具收据，注明 "今收到佛山市 A 公司 6 月份利润伍万元"；同日，又立据收取 A 公司售后服务押金 10 万元。

B 公司在收取上述费用后，给 A 公司出具了一份《授权书》，授权 A 公司为 "B" 牌视听产品全国总经销，授权期限为 2001 年 6 月 1 日至 2004 年 5 月 31 日。

2001 年，5 月 28 日，B 公司又出具一份《委托书》，委托 A 公司具体办理 "B" 牌 OEM 产品生产等相关事宜，授权时间与《授权书》相同。

A 公司在获得上述授权后，即在相关产品上使用 "B" 商标，并以 OEM 的形式生产 VCD 等产品。

后双方在使用费的问题上发生分歧，2001 年 6 月 13 日 B 公司发给 A 公司单方解除合作关系的传真函，要求解除合作关系。双方不能协商一致，故 B 公司于 2002 年 12 月向法院起诉，要求支付商标使用费。

2003 年 2 月，A 公司向原审法院提起反诉，要求 B 公司：退还售后服务费押金 10 万元，并赔偿其直接经济损失 78360 元。

（二）法院认定

1. 一审概况

《商标法》第 40 条第 3 款、《最高人民法院关于审理商标民事纠纷案件适用法律若干问题的解释》第 19 条的规定，商标使用许可合同应当报商标局备案。但是该备案程序是一种行政管理活动，对当事人之间的合同效力没有直接的影响，即不能影响合同的成立、生效。未经备案的商标使用许可合同，不得对抗善意第三人。所以，一审法院认为，A 公司提出双方没有书面合同，也没有报商标局备案，违反了法律的强制性规定，是无效的合同的反驳理由不能成立。B 公司、A 公司双方约定的许可协议并未违反国家法律的禁止性规定，该协议已成立生效，依法应受法律保护。

关于许可费用的确认，由于双方没有签订书面协议，且双方对使用费争议较大，属约定内容不明，由此产生的后果双方均有过错。许可费的认定只能以双方提交的相关证据和合同法的有关规定加以分析认定。

依照《中华人民共和国合同法》第 61 条的规定，在双方约定的合同内容有争议时，应当对合同内容进行合同解释。B 公司、A 公司双方提交的由 B 公司于 2001 年 5 月 10 日出具的收据注明："今收到佛山市 A 公司 6 月份利润伍万元"。对于《收据》中使用的利润即为使用费的事实，双方没有异议。该收据中的"6 月份"含义的理解，从一般人的认识角度，应当理解为"6 月份一个月"而不能理解为一年。B 公司认为，该收据体现的是一个月的商标使用费，符合合同解释的意思；A 公司认为"6 月份利润"即为 2001 年全年的使用费，不符合常人的理解。

经过审理，一审法院认定：

（1）解除双方的许可协议。A 公司立即停止使用"B"商标。

（2）A 公司支付 B 公司商标使用费。

（3）B 公司退回 A 公司的售后服务押金。

2. 二审概况

A 公司不服原审判决，向广东省高级人民法院提起上诉称：

（1）一审判决认定事实不清，证据不足。

1）一审判决将收据中"利润"认定为"商标使用许可费"是完全错误的。B 公司提供的证据中没有"商标使用许可费"的表述，即双方对商标使用许可费没有任何约定。其旨在表明双方对使用商标所获利润的分配方式达成一致，有利润就予以分配，无利润也就不存在支付的问题。B 公司所称"1 个月商标使用费 5 万元"是明显无证据的。

2）一审判决对"2001 年 6 月 13 日 B 公司发给 A 公司单方解除合作关系的传真函"不予认定是错误的。从该份证据可以看出双方在合作不到一个月的时间里，B 公司两次发函要求解除合同关系，构成单方违约。

3）一审判决认定"18 个月的使用费"更是认定事实不清。A 公司只生产至 2001 年 8 月，一审判决认定 A 公司一直生产到 B 公司起诉之日没有依据。

（2）一审判决适用法律错误。

1）一审判决根据《合同法》不能认定双方商标使用许可合同关系成立。合同虽然可以以口头形式成立，但商标使用许可合同属于一种特殊合同，它的成立必须符合特别法也即《商标法》等法律规定。

2）虽然商标使用许可合同未经备案不影响许可合同的效力，但本案中双方之间的商标使用许可合同关系无任何载体来表明，该合同连最基本的要求都不具备，故不能认定该合同成立。

（3）由于 B 公司预期违约，导致双方合作提前终止，B 公司应承担相应的民事责任，除退还 A 公司 10 万元押金外，还应赔偿 A 公司的经济损失。

综上，请求撤销原审判决第（1）、（2）判项，变更为驳回 B 公司的诉讼请求；判决维持原审判决第（3）判项。

二审法院经审理认为，本案的争议焦点为以下内容：

（1）B 公司和 A 公司之间的商标许可使用合同是否成立和生效的问题。

（2）如何确定商标许可使用费用的问题。

（3）A 公司声称 B 公司单方解除合同构成预期违约，其证据为复印件，B 公司又不予认可，因而能否单独作为认定案件事实的依据。

（4）在双方明确约定了商标许可使用期限的情况下，可否单方解除或终止合同履行义务。

针对以上焦点问题，二审法院进行了详细论述。

（1）关于焦点问题一：根据原审判决查明的事实，B 公司和 A 公司对双方没有订立书面合同是没有异议的，但对该合同关系是否成立以及生效持不同意见。B 公司认为该合同已成立且已部分履行，而 A 公司则认为该合同没有成立。

虽然双方没有签订书面的商标许可使用合同，但 A 公司为使用第九类"B"商标向 B 公司支付了 10 万元押金及"6 月份利润 5 万元"，B 公司向 A 公司出具了授权书和委托书，授权 A 公司在约定的期限内使用第九类"B"商标。

从上述情况来看，B 公司有将其注册商标许可 A 公司使用的意思表示，A 公司也有为此支付相应对价的意思表示，而且双方当事人确实也部分履行了口头约定的合同，故原审判决将双方的合同关系确定为商标许可使用合同关系是正确的。该商标许可使用合同的双方当事人具备相应的民事行为能力，意思表示真实，内容和形式均符合法律的规定，应当认定该合同已成立并已具备生效要件。《商标法》第 40 条第 3 款虽然规定商标使用许可合同应当报商标局备案，但该规定并不是合同生效的条件，并不影响合同生效，故 A 公司以此主张其与 B 公司之间的商标使用许可合同不成立是没有依据的。

（2）关于焦点问题二：B 公司和 A 公司对商标许可使用费用产生分歧，B 公司认为使用费应为每月 5 万元，A 公司认为应为每年 5 万元。收据中注明的"今收到佛山市 A 公司6 月份利润"真实意思的表示，可借助《中华人民共和国合同法》第 125 条的规定进行解释：当事人对合同条款的理解有争议的，应当按照合同所使用的词句、合同的有关条款、合同的目的、交易习惯以及诚实信用原则，确定该条款的真实意思。

双方订立的合同为商标许可使用合同，故"6 月份利润"的性质应认定为商标许可使用费用。其次，"6 月份"应确定为 6 月份这一个月，而不是一年。双方口头约定商标许可使用期限为三年。

（3）关于焦点问题三：从双方约定的合同内容看，B 公司的主要义务就是在规定的期限内许可 A 公司在指定商品上使用其注册商标，而 A 公司的主要义务则是按时支付商标许可使用费用。因此，A 公司未按约定支付许可费用，已构成违约。A 公司声称 B 公司单方解除合同构成预期违约的主张，因其证据系复印件，B 公司又不予认可，因而不能单独作为认定案件事实的依据。

（4）关于焦点问题四：B 公司和 A 公司明确约定了商标许可使用的期限，在此期间内，任何一方当事人均应按合同约定履行义务，除非双方达成一致的解除合同或终止履行合同的意思表示，方可终止履行义务。

因此，A 公司在双方约定的商标许可使用期限未届满之前，在没有解除或终止合同的情况下，不履行支付商标许可使用费的义务，就已构成违约；B 公司已按约定许可 A 公司在指定商标上使用"B"商标，A 公司是否实际使用商标是自由处分其权利的意思表示，不能以此作为不支付商标许可使用费用的理由。

【思考问题】

（1）商标许可使用合同没有进行备案登记是否会影响合同效力？
（2）合同约定的使用费用不明确时，应当如何认定？
（3）商标许可使用的期限如何认定？

【案例分析及练习】

本案两审判决对商标许可使用合同的成立和生效、违约责任、许可使用期限的认定进行了详细的论证和说理。判决中的说理是充分的，对于法律条文的阐释也是适当的。

商标使用许可权是指商标权人将其所有的注册商标使用权分离出一部分或全部许可给他人有偿使用的权利。商标使用许可权作为注册商标专用权的一个重要内容，不仅可以给注册商标人带来一定的商标使用许可费用，还可以在较大程度上扩大注册商标的知晓范围，对被许可人来说也可以通过使用该注册商标获得期许的利益。因此，商标许可使用行为在经济活动中也是一种比较常见的民事法律行为，此类案件在实务中也较为常见。

本书的综合项目三的训练项目二对商标许可使用的实务运用以及本案所涉及的焦点问题也有所介绍和学习。同学们可以结合案例事实，运用法理知识，对焦点问题进行论述，进行模拟法庭练习。

三、商标转让合同纠纷案例

尤某某、姚某某与江门市新会区 A 茶业有限公司商标权转让合同纠纷

（一）案情简介

2011 年 11 月 1 日，尤某某与林某某、周某、林某合资成立 A 公司，并约定由尤某某将其申请注册的"A"商标许可予 A 公司使用，后 A 公司一直使用该商标进行经营。2012 年 A 公司的四位股东因在经营上产生分歧，一致决定尤某某退出合资经营。四股东于 2012 年 5 月 22 日签订了《股权转让协议》，约定尤某某的股份转让给其他三股东，尤某某并保证"将注册在甲方（即尤某某）名下的'A'商标及网络域名等转让给 A 公司，并协助办理相关手续"。A 公司的股东于 2012 年 6 月 15 日召开股东会议，决议通过了上

述《股权转让协议》，同时，尤某某再次保证"把注册在自己名下的 A 公司商标及网络域名等转让给 A 公司"。

A 公司、尤某某于 2012 年 10 月 8 日签订了《商标转让协议》，约定由尤某某将其所有的"A"商标转让予 A 公司；同日，尤某某前往广东省潮州市韩江公证处办理了公证书，确认将其所有的"A"商标转让予 A 公司，该转让是其真实意思表示，A 公司现已经将全部商标转让费用付清予尤某某。

A 公司于 2012 年 10 月 22 日向商标局申请办理"A"商标的转让手续，商标局依法受理了 A 公司的申请。A 公司却在 2013 年 5 月 22 日收到了商标局的《转让申请补正通知书》，得知尤某某于 2012 年 10 月 19 日已经向商标局申请将"A"商标转让予姚某某。

A 公司认为，其与尤某某签订的《商标转让协议》是双方真实的意思表示，且尤某某已通过办理公证手续确认将"A"商标转让予 A 公司。尤某某本应严格履行《商标转让协议》中的义务，前往商标局办理商标转让手续，但其私下将同一商标再转让予姚某某，该行为已经构成了严重违约。根据《合同法》第 107 条的规定，尤某某应当继续履行与 A 公司签订的《商标转让协议》，办理相关转让手续并赔偿 A 公司的损失。

在举证期限内，A 公司认为尤某某与姚某某恶意串通订立商标转让合同，姚某某与本案有利害关系，故向原审法院申请追加姚某某作为本案第三人参加诉讼，并且变更诉讼请求为：

（1）请求判决"A"商标所有权归 A 公司，并判令尤某某前往商标局协助 A 公司办理转让手续；

（2）请求依法判决撤销尤某某与姚某某签订的商标转让协议；

（3）本案诉讼费用由尤某某承担。

尤某某辩称：

（1）尤某某已于 2012 年 9 月 19 日与姚某某订立《商标转让协议》，将"A"商标转让给姚某某，同日，尤某某在广东省广州市公证处办理商标转让声明公证，并由商标受让人向商标局提出商标转让申请，商标局于当日受理了姚某某的申请。

（2）尤某某将商标转让给 A 公司并非本人的真实意思表示，系在受胁迫情况下不得已作出的行为。在举证期限内，根据尤某某的申请，一审法院依法委托广东天正司法鉴定中心对 A 公司所提供证据《商标转让协议》中的"尤某某"签名及捺印及两份收款收据中的"尤某某"签名进行司法鉴定。

广东天正司法鉴定中心的鉴定意见为：检材《商标转让协议》落款转让方（章）处的"尤某某"签名与委托人提交指定的样本上的"尤某某"签名不是同一人所写；落款时间均为"2012 年 10 月 15 日"的两份《收款收据》收款单位处的"尤某某"签名与委托人提交指定的样本上的"尤某某"签名不是同一人所写。

（3）2012 年 10 月 8 日尤某某作出的声明书不是本人的真实意思表示，尤某某在此表示反悔，并愿意按照声明书中"如有虚假陈述，愿承担相应的经济和法律责任"。

（4）2013 年 6 月 8 日，尤某某再次出具声明书声明，其本人已收到发文日期为 2013 年 5 月 27 日的《转让申请补正通知书》，其本人确定自愿将"A"商标转让给姚某某，不会转让给 A 公司，自声明之日起，"A"商标的转让生效。同日，尤某某在广东省广州市广州公证处办理了该声明的公证手续。

姚某某述称：

（1）姚某某与尤某某就涉案"A"商标转让在先，包括合同签订在先、公证在先、向商标局申请转让在先。

（2）姚某某系善意取得涉案"A"商标。姚某某在与尤某某签订涉案商标转让合同时，并不知悉其与A公司的关系，在签订涉案商标转让合同后，按合同约定全额支付了商标转让款，尤某某于2012年9月19日在广州公证处公证了涉案商标转让的声明。

（二）法院认定

一审法院经过审理认为本案审理的焦点问题在于：

（1）A公司、尤某某之间的商标转让行为是否成立并生效的问题。

（2）尤某某与姚某某之间的商标转让协议是否合法的问题。

（3）A公司要求享有涉案"A"商标所有权的问题。

关于焦点问题一：A公司起诉认为，该公司成立时尤某某与其他股东约定将其申请注册的"A"商标转让予A公司使用，之后该公司一直使用该商标进行经营；且在《股权转让协议》及《股东决议》中尤某某均保证将注册在其名下的A商标及网络域名等转让给A公司，并协助办理相关手续；A公司、尤某某签订了《商标转让协议》，约定由尤某某将其所有的"A"商标转让给A公司，该公司已经将全部商标转让费用付清予尤某某；该协议是双方真实意思表示，尤某某已办理公证确认，其应继续履行与A公司签订的《商标转让协议》。

A公司所提供的2012年10月8日《商标转让协议》经鉴定结论确认协议中转让方的签名及捺印虽然不是尤某某所为，但是结合尤某某于同日出具并经公证的声明书关于尤某某称其自愿将涉案"A"商标转让给A公司的意思表示，而且A公司到商标局办理了涉案商标权转让申请手续的实际情况，足以证明A公司、尤某某双方对于涉案商标转让的意思表示真实，而且达成合意，并且已经实际履行了涉案商标的转让行为。

《合同法》第44条规定，依法成立的合同，自合同成立时生效。A公司、尤某某系具有相应的民事权利能力和民事行为能力的法人和自然人，且涉案商标转让行为并不违反法律法规，也是双方当事人的真实意思表示，故A公司、尤某某之间就涉案"A"商标的转让行为成立且生效。尤某某辩称A公司强买强卖涉案商标，且上述声明不是其真实意思表示，缺乏事实依据。

关于焦点问题二：A公司以尤某某与姚某某恶意串通损害其公司利益为由，要求撤销尤某某与姚某某所订立的商标转让协议。根据《合同法》第52条的规定，合同双方当事人恶意串通损害国家、集体或者第三人利益是导致合同无效的一种情形。从本案现有证据来看，姚某某对于尤某某与A公司股东之间的股权转让及有关涉案商标转让的保证条款并不知情，现有证据也未能证明姚某某在签订《商标转让协议》时存在恶意串通的事实，故尤某某与姚某某之间订立《商标转让协议》并不符合恶意串通的构成要件。A公司认为尤某某与姚某某恶意串通损害其公司利益，缺乏事实依据。该协议是尤某某与姚某某双方的真实意思表示，也不违反法律法规的规定，该协议依法成立。A公司以尤某某与姚某某恶意串通为由，请求撤销该《商标转让协议》，理据不足。

对于姚某某称其已善意取得涉案商标的问题，根据《商标法》第 42 条第 2 款"转让注册商标经核准后，予以公告。受让人自公告之日起享有商标专用权"的规定，姚某某虽然向商标局申请办理涉案商标的转让手续，但尚未经商标局核准。

关于焦点问题三：尤某某将同一商标与 A 公司和姚某某签订转让协议的行为，违反了诚实信用原则。本案所涉标的物为特定的注册商标，事实上也不可能同时履行两份协议，应将结合本案实际情况综合予以确定。

商标的基本功能是区分商品或服务标识及其来源。A 公司的经营范围包括涉案商标核定使用商品的事实存在。本着商标保护应物尽其用的原则，将涉案商标由 A 公司受让及使用可以更好地发挥商标识别商品来源的作用及市场价值。尤某某与姚某某之间的商标转让协议已无实际履行的可能，姚某某可依据合同责任另行向尤某某主张相关权利。

【思考问题】

A 公司与尤某某之间的商标转让协议以及尤某某与姚某某之间的商标转让协议是否均合法有效，应履行哪一份转让协议？

【案例分析及练习】

原审法院审理的焦点问题明确，说理充分。根据我国《合同法》的规定，只要当事人的意思表示一致，合同就成立，同时就生效，除非对合同生效附条件或期限，或者国家法律行政法规设有专门的审批规定。《商标法》规定的商标转让协议是典型的民事合同，根据商标协议进行商标转让时，当事人依法应向商标局提供的资料包括转让协议、当事人的身份证明、转让标的等，由商标局进行形式性审查。商标转让的核准不是行政审批，所以商标转让协议并非要经过商标局核准后才生效。申请商标转让时，当事人所提供的商标转让协议作为形式要件之一，由商标局进行审查，进行的也是形式性审查。只要具备了形式要件，商标局无权对当事人的意思表示进行干预。如有争议，应按民事争议解决。商标局的核准注册和公告起到的是公示作用。这一行政行为对于商标转让协议的成立和生效不发生本质影响。

尤某某与林某某、周某、林某签订《合作协议》、尤某某与姚某某签订的《商标转让协议》均为合法有效，而这两份协议所涉及的标的物之一均为"A"商标，因此这两份协议不可能同时履行。但是由于：

（1）尤某某与林某某、周某、林某签订的《合作协议》、《股权转让协议》、《股东决议》的时间早于尤某某与姚某某签订的《商标转让协议》的时间；

（2）姚某某与尤某某签订《商标转让合同》时，该商标注册证原件已经由 A 公司持有并保管；

（3）A 公司企业名称中的字号为"A"，与该商标组成部分的文字、拼音相一致，A 公司的经营范围包括经营茶叶，该商标核定使用的商品之一也为茶，而且 A 公司已经实际在先使用该注册商标，该商标已经发挥了识别商品来源的功能，与 A 公司之间已经建立了一定的联系。

因此，涉案注册商标由 A 公司享有，既有利于保护使用在先者的利益，也有利于更好地发挥该注册商标识别商品来源的作用及其市场价值，既有利于避免权利冲突，也有利于避免造成相关公众的混淆、误认。

这里请同学们思考一个问题，是否可以主张尤某某与姚某某之间的商标转让协议的协议无效，申请法院撤销该协议？若不可以，姚某某又该如何主张自己的权利？

请同学们根据以下问题进行阅读扩展训练，并书写阅读笔记。

（1）商标转让合同如何合法有效解除？

（2）如何行使先履行抗辩权与不安抗辩权？

（3）注册商标转让时，什么样的情况下应该进行"一并转让"？

训练项目二　商标刑事诉讼

学习目标

（1）了解商标刑事诉讼业务流程。

（2）掌握侵害注册商标构成犯罪的三个罪名及其犯罪构成。

（3）了解对于侵害注册商标罪的刑事制裁。

教学与训练任务一　商标刑事诉讼业务 >>>

一、商标权的刑事诉讼保护途径

对商标侵权行为提起刑事诉讼并使侵权人受到刑事处罚，是制止商标侵权行为最严厉的方法。对于经济类犯罪，一般对"犯罪金额"及"犯罪情节"都有严格的要求，这里可以结合《刑法》及《刑事诉讼法》的学科知识进行掌握。通常来说，被侵权人可以通过以下司法途径寻求保护：

（1）向公安机关报案，公安机关通过立案侦查后决定移送检察机关，并由检察机关向人民法院提起公诉；

（2）发生商标侵权后，可向当地工商行政管理部门投诉，采取行政处理处罚决定前，行政部门认为案件侵权行为严重，触犯刑法的，应移交公安机关立案侦查，并由检察机关提起公诉；

（3）商标权人自行搜集证据，并向人民法院提起刑事自诉。

二、商标犯罪的有关罪名

我国《商标法》第 67 条规定，未经商标注册人许可，在同一种商品上使用与其注册商标相同的商标，构成犯罪的，除赔偿被侵权人的损失外，依法追究刑事责任。伪造、擅自制造他人注册商标标识或者销售伪造、擅自制造的注册商标标识，构成犯罪的，除赔偿被侵权人的损失外，依法追究刑事责任。销售明知是假冒注册商标的商品，构成犯罪的，除赔偿被侵权人的损失外，依法追究刑事责任。

我国《刑法》分则中关于侵犯知识产权犯罪章节第213～215条规定了三种侵犯商标权犯罪的具体罪名。

(1) 假冒注册商标罪：未经注册商标所有人许可，在同一种商品上使用与其注册商标相同的商标。

(2) 销售假冒注册商标的商品罪：销售明知是假冒注册商标的商品。

(3) 非法制造、销售非法制造的注册商标标识罪：伪造、擅自制造他人注册商标标识或者销售伪造、擅自制造的注册商标标识。

以上商标犯罪的主体包括自然人和单位；主观方面均由故意构成。

三、商标犯罪的刑事责任认定

(一) 商标犯罪行为的认定

(1) 相同的商标：是指与被假冒的注册商标完全相同，或者与被假冒的注册商标在视觉上基本无差别，足以对公众产生误导的商标。

(2) 使用：是指将注册商标或假冒的注册商标用于商品、商品包装或容器以及产品说明书、商品交易文书，或者将注册商标或假冒的注册商标用于广告宣传、展览以及其他商业活动等行为。

(3) 明知：知道自己销售的商品上的注册商标被涂改、调换或者覆盖的；因销售假冒注册商标的商品受到过行政处罚或者承担过民事责任，又销售同一种假冒注册商标的商品的；伪造、涂改商标注册人授权文件或者知道该文件被伪造、涂改的。

(4) 假冒注册商标犯罪，又销售该假冒注册商标的商品，构成犯罪的，应当以假冒注册商标罪定罪处罚。

(5) 实施假冒注册商标犯罪，又销售明知是他人的假冒注册商标的商品，构成犯罪的，应当实行数罪并罚。

(二) 关于"情节严重"以及"情节特别严重"的认定

(1) 假冒注册商标罪中的"情节严重"，包括以下情形：

1) 非法经营数额在5万元以上或者违法所得数额在3万元以上的。

2) 假冒两种以上注册商标，非法经营数额在3万元以上或者违法所得数额在2万元以上的。

(2) 假冒注册商标罪中的"情节特别严重"，包括以下情形：

1) 非法经营数额在25万元以上或者违法所得数额在15万元以上的。

2) 假冒两种以上注册商标，非法经营数额在15万元以上或者违法所得数额在10万元以上的。

(3) 伪造、擅自制造他人注册商标标识或者销售伪造、擅自制造的注册商标标识"情节严重"，包括以下情形：

1) 伪造、擅自制造或者销售伪造、擅自制造的注册商标标识数量在2万件以上，或者非法经营数额在 5 万元以上，或者违法所得数额在 3 万元以上的。

2）伪造、擅自制造或者销售伪造、擅自制造两种以上注册商标标识数量在一万件以上，或者非法经营数额在 3 万元以上，或者违法所得数额在 2 万元以上的。

（4）伪造、擅自制造他人注册商标标识或者销售伪造、擅自制造的注册商标标识"情节特别严重"，包括以下情形：

1）伪造、擅自制造或者销售伪造、擅自制造的注册商标标识数量在 10 万件以上，或者非法经营数额在 25 万元以上，或者违法所得数额在 15 万元以上的。

2）伪造、擅自制造或者销售伪造、擅自制造两种以上注册商标标识数量在 5 万件以上，或者非法经营数额在 15 万元以上，或者违法所得数额在 10 万元以上的。

（三）关于数额较大和数额巨大的认定

（1）销售金额"数额较大"是指明知是假冒注册商标的商品，销售金额在 5 万元以上的。

（2）销售金额"数额巨大"是指销售金额在 25 万元以上的，属于《刑法》第 214 条规定的"数额巨大"。

教学与训练任务二　商标刑事诉讼案例分析 >>>

一、假冒注册商标罪案例

张某某假冒注册商标罪一案

（一）案情简介

2017 年 11 月至 2018 年 2 月 28 日，被告人张某某在北京市丰台区的出租房内，未经商标所有人许可，使用假冒茅台、五粮液、国窖、剑南春商标标识及包装，并用低价白酒灌装仿冒上述酒品销售获利。2018 年 2 月 28 日，民警在其出租屋内将被告人张某某抓获，并从其出租屋内及汽车上起获茅台酒 228 瓶、五粮液酒 108 瓶、国窖（1573）酒 30 瓶、剑南春酒 12 瓶。经鉴定，均系假冒注册商标的白酒，市场价格共计人民币 41 万余元。

针对指控的事实，公诉机关提供了相应的证据。公诉机关认为被告人张某某的行为已构成假冒注册商标罪，要求依照《中华人民共和国刑法》第 213 条之规定，予以惩处。

（二）法院认定

庭审过程中公诉机关出具的主要证据有：

（1）被告人张某某的供述。证实 2017 年 11 月 5 日，其在丰台区租赁一个院子，购买了低档白酒和高档白酒的包装，并在五金店购买了工具，将低档酒兑入高档酒瓶中，冒充高档白酒对外出售。操作流程包括使用低档酒灌装入高档酒瓶、扣盖、贴商标和防伪标识、装盒、封箱。其制作了茅台、新品五粮液、国窖（1573）和剑南春四种酒。五粮液和国窖使用金六福酒灌装，飞天茅台使用茅台王子酒灌装，空军茅台使用最低档的茅台灌装，剑南春使用绵竹大曲灌装。高档酒盒都是高仿的，从一个名为"空军"的人处购买，低档酒是批发的。假冒白酒销售对象是新发地批发市场的货车司机，其均不能提供联系方式，目前已售出 200 余箱，销售金额约七八万元，利润约三万元。

（2）泸州老窖股份有限公司、四川绵竹剑南春酒厂有限公司、贵州茅台酒股份有限公司以及四川宜宾五粮液集团有限公司出具的价格证明、鉴定证明书、授权委托书、营业执照（副本）复印件，商标注册证、核准续展注册证明。证实经鉴定的零售价格情况。

（3）北京市某价格评估有限公司出具的价格评估结论书。证实经鉴定其获假冒注册商标的白酒市场价格共计人民币 415230 元。

（4）公安机关出具的扣押清单、搜查笔录、照片、工作记录破案报告、到案经过、被告人身份信息。证实本案破获情况、被告人张某某的到案经过和身份情况。

（5）公安机关出具的工作说明。证实空军茅台和国务院机关事务管理局机关服务局专用酒无市场价格、无法核实"空军"身份和张某某购进低档白酒地点的情况。

经审理一审法院认为：张某某未经注册商标所有人许可，在同一种商品上使用与其注册商标相同的商标，情节特别严重，其行为已构成假冒注册商标罪，应予处罚。被告人张某某犯假冒注册商标罪的事实清楚，证据确实充分，罪名成立。

【案例分析及练习】

假冒注册商标罪是指违反国家商标管理法规，未经注册商标所有人许可，在同一种商品上使用与其注册商标相同的商标，情节严重的行为。假冒注册商标商品罪侵害的客体是注册商标专用权，这类犯罪的目的都是为了谋取利益，故意违反商标法，从而对侵害商标注册人的合法权益造成严重危害。从犯罪的客观阶层来看，犯罪的主体可以是自然人、法人；犯罪行为具体表现为未经注册商标所有人许可，在同一种商品上使用与其注册商标相同的商标，情节严重的行为，这里的情节严重程度需要结合具体的犯罪数额大小来认定。从犯罪的主观阶层来看，假冒注册商标商品罪是一种故意犯罪，而且是一种直接故意犯罪，即行为人明知自己的行为会产生危害社会的结果，却希望这种结果发生。

假冒注册商标罪的构成要件包括：

（1）行为人在使用他人注册商标时，未经注册商标所有人的许可。

（2）行为人实施了在同一种商品上使用与注册商标相同的商标的行为。这里必须同时具备"商标相同"和"商品相同"两个要件。"相同的商标"是指与被假冒的注册商标完全相同，或者与被假冒的商标存在视觉上的混淆，足以让公众产生误认。"使用"是指将注册商标或者假冒的注册商标用于商品、商品包装或者容器以及产品说明书、商品交易文书，或注册商标或假冒的注册商标用于广告宣传、展览以及其他商业活动行为。

（3）上述情节达到情节严重的程度。

查找相关资料，并思考以下几个问题：在认定假冒注册商标罪时，销售行为是否为构成该罪名的行为要件，为什么？如果假冒注册商标的商品尚未销售，应如何认定？若假冒注册商标的商品部分销售，已销售金额不满 5 万元，但与尚未销售的假冒注册商标的商品的货值金额合计在 15 万元以上的，应如何认定？请结合以上内容，分析本案中张某某的犯罪构成，并将论述内容进行书面练习。

二、销售假冒注册商标的商品罪案例

贺某某销售假冒注册商标的商品罪一案

（一）案情简介

自 2016 年 9 月以来，被告人贺某某在北京市通州区某小区内，通过其经营的北京某有限公司长期对外销售明知是假冒"Blueair"的空气净化器滤网。2017 年 12 月 18 日，被告人贺某某被抓获，公安机关当场查获并扣押尚未销售的假冒"Blueair"商标的 200/303 系列滤网 151 件，400 系列滤网 147 件，500/600 系列滤网 602 组（组/3），500/600 系列不成套滤网 1 组；经鉴定，上述产品均系假冒的产品，货值金额为人民币 674880 元。

（二）法院认定

庭审过程中查明的主要证据有：证人陈某、王某、唐某的证言，被告人贺某某的供述，搜查笔录、现场笔录、扣押笔录，鉴定书、鉴定报告，照片，视听资料，书证接报案经过、到案经过、扣押决定书、扣押清单、银行交易明细记录、涉嫌犯罪案件移送书、授权委托书、商标注册证、核准续展注册证明、营业执照、价格证明、常住人口基本信息等。

一审法院经审理认为，被告人贺某某销售明知是假冒注册商标的商品，销售数额巨大，其行为已构成销售假冒注册商标的商品罪，依法应予惩处。公诉机关指控被告人贺某某犯销售假冒注册商标的商品罪的事实清楚，证据确实、充分，指控的罪名成立。被告人贺某某被查获的假冒注册商标的商品尚未售出，系犯罪未遂，依法可以比照既遂犯减轻处罚。被告人贺某某到案后如实供述自己的罪行，依法可以从轻处罚。被告人贺某某无犯罪记录，当庭自愿表示认罪认罚，依法可以酌情从轻处罚。对于辩护人提出的"被告人贺某某具有自首情节"的辩护意见，经查，被告人贺某某系被查获到案，不符合自首的认定条件。

【案例分析及练习】

销售假冒注册商标的商标罪是指违反商标管理法规，销售明知是假冒注册商标的商品，销售金额数额较大的行为。

销售假冒注册商标的商品罪的构成要件包括：

（1）销售明知是假冒注册商标的商品。"销售"是指以采购、推销、出售或兜售等方法将商品出卖给他人的行为，包括批发、零售、请人代销、委托销售等形式。这里假冒注册商标的商品必须是未经注册商标所有人许可，在同一种商品上使用与其注册商标相同的商标的商品。

（2）销售金额较大。"销售金额"是指销售假冒注册商标的商品所得和应得的全部违法收入。

具有下列情形之一的，应当认定为销售假冒注册商标的商品罪的"明知"：

（1）知道自己销售的商品上的注册商标被涂改、调换或者覆盖。

（2）因销售假冒注册商标的商品受到过行政处罚或者承担过民事责任，又销售同一种假冒注册商标的商品的。

（3）伪造、涂改商标注册人授权文件或者知道该文件被伪造、涂改的。

（4）其他知道或应当知道的情形。

通过查阅相关资料，请结合假冒注册商标罪的案例内容思考假冒注册商标罪与销售假冒注册商标的商品罪两罪之间的关系，并讨论以下几个问题：

（1）行为人先生产假冒注册商标的商品，然后又销售这些商标，应当定哪个罪名？

（2）行为人自己生产假冒注册商标的商品，又销售他人假冒注册商标的商品，应当定哪个罪名？如何处罚？

（3）行为人只销售假冒注册商标的商品，构成哪个罪名？

针对以上问题试做论述，并进行书面练习。

训练项目三　商标授权确权行政诉讼

学习目标

（1）了解商标授权确权行政诉讼业务流程。

（2）熟悉商标授权确权行政诉讼业务类型。

（3）结合前面各章节有关内容进一步理解商标驳回、商标不予注册、商标撤销以及商标无效宣告的流程以及相关法律依据。

教学与训练任务一　商标授权确权行政诉讼业务 >>>

一、商标授权确权行政诉讼案件的类型

商标授权确权行政诉讼的案件类型主要包括：不服商标评审委员会关于商标驳回复审决定、不服商标评审委员会关于不予注册复审决定、不服商标评审委员会关于无效宣告裁定的行政诉讼三种类型。

通过案件类型可以知道，在商标的授权确权行政诉讼案件中，在向人民法院提起诉讼之前，应当先选择向行政复议机关（商标评审委员会）申请行政复议，而不能直接向人民法院提起行政诉讼。只有经过行政复议之后相对人对复议决定仍有不同意见的，才可以向人民法院提起行政诉讼。

《商标法》第34条规定，对驳回申请、不予公告的商标，商标局应当书面通知商标注册申请人。商标注册申请人不服的，可以自收到通知之日起15日内向商标评审委员会申请复审。商标评审委员会应当自收到申请之日起9个月内做出决定，并书面通知申

请人。有特殊情况需要延长的，经国务院工商行政管理部门批准，可以延长 3 个月。当事人对商标评审委员会的决定不服的，可以自收到通知之日起 30 日内向人民法院起诉。

《商标法》第 35 条第 3 款规定，商标局做出不予注册决定，被异议人不服的，可以自收到通知之日起 15 日内向商标评审委员会申请复审。商标评审委员会应当自收到申请之日起 12 个月内做出复审决定，并书面通知异议人和被异议人。有特殊情况需要延长的，经国务院工商行政管理部门批准，可以延长 6 个月。被异议人对商标评审委员会的决定不服的，可以自收到通知之日起 30 日内向人民法院起诉。人民法院应当通知异议人作为第三人参加诉讼。根据该条款规定可知，只有被异议人会作为商标异议复审行政诉讼的原告。而异议人不服的，不能再提起商标异议复审，而只能通过商标无效宣告程序解决。2013 年《商标法》这样修改后，使得商标注册申请人能进快获得商标权，也简化了商标注册的审核程序。

《商标法》第 45 条第 2 款规定，商标评审委员会收到宣告注册商标无效的申请后，应当书面通知有关当事人，并限期提出答辩。商标评审委员会应当自收到申请之日起 12 个月内做出维持注册商标或者宣告注册商标无效的裁定，并书面通知当事人。有特殊情况需要延长的，经国务院工商行政管理部门批准，可以延长 6 个月。当事人对商标评审委员会的裁定不服的，可以自收到通知之日起 30 日内向人民法院起诉。人民法院应当通知商标裁定程序的对方当事人作为第三人参加诉讼。

二、商标使用管理的行政诉讼案件

商标使用管理中涉及的行政诉讼的案件主要指商标撤销的行政纠纷案。《商标法》第 54 条规定，对商标局撤销或者不予撤销注册商标的决定，当事人不服的，可以自收到通知之日起 15 日内向商标评审委员会申请复审。商标评审委员会应当自收到申请之日起 9 个月内做出决定，并书面通知当事人。有特殊情况需要延长的，经国务院工商行政管理部门批准，可以延长 3 个月。当事人对商标评审委员会的决定不服的，可以自收到通知之日起 30 日内向人民法院起诉。这条规定的就是我们常说的商标撤三案件。由于注册商标的撤销涉及商标所有人的权益，因此并不是商标局能够依职权说撤销就撤销的，对于注册商标撤销的情形，法律赋予了相关当事人一定的救济程序。

三、管辖

根据《最高人民法院关于北京、上海、广州知识产权法院案件管辖的规定》第 5 条第 3 款的规定，不服国务院部门作出的涉及知识产权授权确权行政行为的第一审行政案件，由北京知识产权法院管辖。所以，针对商标评审委员会作出的商标授权确权行政行为提起行政诉讼的，一审法院为北京知识产权法院。对于一审不服的案件，二审上诉法院为北京市高级人民法院。

四、商标授权确权行政诉讼流程

原告对于商标评审委员会作出的具体行政行为不服，可以向人民法院提起行政诉讼。提起商标授权确权行政诉讼的流程见图 5-2。首先，当事人应当撰写起诉状，阐述相关事实和理由，若有第三人应当列明。然后，准备好相关资料（营业执照、法定代表人证明、商评委决定或裁定书）并且确认管辖法院。最后，准备好诉讼材料后提起诉讼，提交起诉文书，缴纳诉讼费。作为原告还需要注意以下两个问题：

（1）起诉的理由应当明确。起诉理由包括：被告作出具体行政行为证据不足；被告作出具体行政行为适用法律、法规错误；被告作出具体行政行为违反法定程序。

（2）在不服商评委关于不予注册复审决定或无效宣告裁定的行政诉讼中，除了原告和商评委，还有第三人。不服商评委关于不予注册复审决定，原告为被异议人，被告为商评委，第三人为原异议人。不服商评委关于无效宣告裁定的行政诉讼中，原告为一方当事人，被告为商评委，第三人为对方当事人。

法院在接到原告的起诉状及相关材料后，作出立案决定并通知被告答辩。被告商标评审委员会接到法院通知后，应提交答辩状并准备相应的证据。法院与原被告协商后在法律规定的时间内，通知双方开庭审理的时间。最后，法院组织原被告双方开庭审理并作出判决。

这里需要注意两个问题：

（1）对于商标行政诉讼案件，被告对作出的行政行为负有举证责任，应当提供作出该行政行为的证据和所依据的规范性文件。当事人向人民法院提交新证据，人民法院一般不予采纳，人民法院也只能针对行政机关已经做出的具体行政行过程中已经审核过的证据进行重新审查。

（2）人民法院对于商标行政案件不适用调解程序，但是对于行政赔偿、补偿以及行政机关行使法律、法规规定的自由裁量权的案件可以调解。具体的学科知识，可以结合《中华人民共和国行政诉讼法》进行扩展阅读。

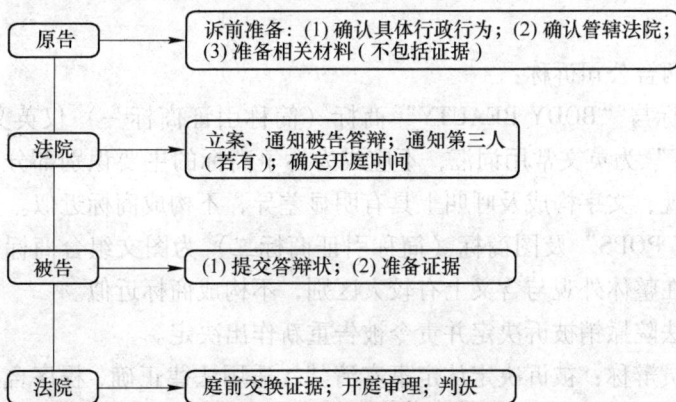

图 5-2　商标授权确权行政诉讼流程

五、商标授权确权行政诉讼的判决

（1）判决驳回原告诉讼请求。商标评审委员会作出的具体行政行为证据确凿，适用法律、法规正确，符合法定程序的，或者原告申请被告履行法定职责或给付义务理由不成立的，人民法院判决驳回原告的诉讼请求。

（2）判决撤销或者部分撤销。商标评审委员做的具体行政行为若有下列情形之一的，人民法院判决撤销或者部分撤销，并可以判决被告重新作出行政行为：

1）主要证据不足的；

2）适用法律、法规错误的；

3）违反法定程序的；

4）超越职权的；

5）滥用职权的；

6）明显不当的。

（3）判决重新作出具体行政行为。人民法院判决被告重新作出行政行为的，被告不得以同一的事实和理由作出与原行政行为基本相同的行政行为。

教学与训练任务二　商标授权确权行政诉讼案例分析 >>>

一、商标驳回行政纠纷案例

爱某尔有限两合公司与商标评审委员一审行政判决书

（一）案情简介

商标评审委员会以原告申请注册的"BODY SPORT"商标（以下简称诉争商标）构成《商标法》第30条所指情形为由，作出被诉决定：诉争商标指定使用在手套（服装）商品上的注册申请予以初步审定，诉争商标指定使用在其余复审商品上的注册申请予以驳回。

爱某尔有限两合公司诉称：

（1）诉争商标与"BODY BEAUTY"商标（简称引证商标一）仅英文单词"BODY"相同，但"BODY"为英文常用词汇，不应成为诉争商标的主要识别部分。故诉争商标与引证商标一在外观、文字构成及呼叫上具有明显差异，不构成商标近似。

（2）"BODY POPS"及图商标（简称引证商标二）为图文组合商标，诉争商标为纯文字商标，两者在整体外观与含义上有较大区别，不构成商标近似。

因此，请求法院撤销被诉决定并责令被告重新作出决定。

商标评审委员辩称：被诉决定认定事实清楚，适用法律正确，程序合法，请求判决驳回原告诉讼请求。

诉争商标的待注册内容以及待注册商品类别与引证商标的具体情况对比见表5-1。

（二）法院认定

北京知识产权法院经审理认为：本案的争议焦点为诉争商标是否违反《商标法》第30条的规定。

《商标法》第30条规定："申请注册的商标，凡不符合本法有关规定或者同他人在同一种商品或者类似商品上已经注册的或者初步审定的商标相同或者近似的，由商标局驳回申请，不予公告。"

表 5-1　诉争商标与引证商标情况对比

商标	诉争商标	引证商标一	引证商标二
	BODY SPORT	BODY BEAUTY	BODY POPS
申请日期与专用权期限	2013 年 11 月 15 日申请	专用权期限至 2022 年 12 月 27 日	专用权期限至 2019 年 8 月 27 日
指定（核定）使用商品	第 25 类，类似群 2510、2501～2505、2507～2509、2511～2512：手套、男士服装、中性服装、服装、成品衣、体操服、鞋（脚上的穿着物）、帽、袜、围巾、服装带（衣服）	第 25 类，类似群 2501、2503、2507~2509：T 恤衫、睡衣裤、胸罩衬垫（胸衬、胸垫）、游泳衣、紧身围腰（女内衣）、内衣、紧身衣裤、连裤内衣（衣）、胸衣、带肩带的女式长内衣（内衣）、妇女连衫衬裤（内衣）、女士无袖胸衣、妇女腹带、鞋（脚上的穿着物）、帽、袜	第 25 类，类似群 2501、2503、2507～2509、2511～2513：腰带、睡衣、女式长睡衣、胸罩、浴帽、内衣、内裤、汗衫、内衣裤、游泳帽、游泳衣、紧身短背心、围巾、袜、帽子（头戴）、皮鞋、裙子、休闲裤、皮带（服饰用）

首先，诉争商标指定使用的"男士服装、中性服装、成品衣"三项商品与引证商标一核定使用的 T 恤衫等商品、引证商标二核定使用的睡衣等商品均属于 2501 群组；诉争商标指定使用的"体操服"与引证商标一核定使用的游泳衣、引证商标二核定使用的游泳衣等商品均属于 2503 群组；诉争商标指定使用的"服装"属于 2505 群组，而 2505 群组的服装与 2501、2503 均属于交叉检索；诉争商标指定使用的"鞋（脚上的穿着物）"与引证商标一核定使用的鞋（脚上的穿着物）、引证商标二核定使用的皮鞋等商品均属于 2507 群组；诉争商标指定使用的"帽"与引证商标一核定使用的帽、引证商标二核定使用的帽子（头戴）均属于 2508 群组；诉争商标指定使用的"袜"与引证商标一核定使用的袜、引证商标二核定使用的袜等商品均属于 2509 群组；诉争商标指定使用的"围巾"与引证商标二核定使用的围巾均属于 2511 群组；诉争商标指定使用的"服装带（衣服）"与引证商标二核定使用的腰带等商品均属于 2512 群组。故被诉决定对于商品类似方面的认定并无不当。

其次，诉争商标与引证商标一均为纯文字商标，引证商标一中的单词"BODY"在整个标识中所占比例较大，应作为主要识别部分与诉争商标相比较，诉争商标作为纯文字商标与引证商标一均包含单词"BODY"，两商标在呼叫、含义与外观上相近，构成近似商标。引证商标二虽为图文组合商标，但根据消费者的认读习惯，英文组合"BODY POPS"应作为主要识别部分与诉争商标相比较，两商标均含有单词"BODY"，在呼叫、含义上近似，构成近似商标。故被告认定诉争商标违反了《商标法》第 30 条的规定并无不当。

综上，被诉决定证据确凿，审查程序合法。原告的诉讼理由缺乏事实和法律依据。

【思考问题】

（1）类似商品和近似商标如何认定？

（2）如何正确看待近似商标在同一种商品上的使用？

【案例分析及练习】

商标审查是商标主管机构对商标注册是否符合《商标法》规定所进行的一系列活动。这是商标注册申请的必经程序，商标局对申请注册的商标进行的审查将确定商标申请人是否能取得商标专用权。商标审查后，商标申请人的注册申请可能是予以初步公告，也可能是驳回申请、不予公告。

商标驳回的情况主要有以下几种：

（1）申请注册的商标不符合《商标法》的绝对禁止条件，主要包括《商标法》第10～12条以及第16条等规定。

（2）申请注册的商标同他人在同一种商品或者类似商品上已经注册的或者初步审定的商标相同或者近似。

（3）两个或者两个以上的商标注册申请人，在同一种商品或者类似商品上，以相同或者近似的商标申请注册的，初步审定并公告申请在先的商标；同一天申请的，初步审定公告使用在先的商标，驳回其他人的申请，不予公告。

本案属于第二种情形。

判决书中的说理充分，条理清晰。交叉检索以及商品及服务近似判断和英文组合商标的近似判断，在综合训练项目二中均有介绍。需要一再强调的是，在进行商标注册时，对于商品及服务类别的近似判断需要熟悉《类似商品和服务区分表》，并且还要具备基本的商标近似判断常识。如果没有做好前期的充分调研工作，贸然进行商标注册行为，则商标申请人不仅要面临金钱的损失，而且还要耗时一年左右的时间重新申请注册商标。

请学生结合案例内容，通过查阅相关资料，试回答对于商标局作出的商标驳回决定可以采取什么样的救济程序。

二、商标不予注册行政纠纷案例

王某吉有限公司与商标评审委员、广州某药集团有限公司
商标不予注册行政纠纷案

（一）案情简介

王某吉公司于2012年6月13日向商标局提出"怕上火喝加多宝"的注册申请，指定使用商品为第5类：医用营养饮料、婴儿奶粉、婴儿食品、医用营养食物、医用营养品、医用糖果、医用杏仁乳、医用麦乳精饮料、矿物质食品补充剂、蛋白质膳食补充剂。王某吉公司认为该广告语是其独创的商标组合，具备商标的显著性，用在指定商品上不会使消费者对产品的功能等特点产生误认，已经由广告语演变为品牌标识，符合《商标法》第10条第1款第7项的规定，应当作为商标注册。

广州某药集团于2013年12月5日向商标局提出异议申请，商标局经审理作出不予注册决定，决定诉争商标不予注册。

王某吉公司不服商标局所作的上述决定，于法定期限内向商标评审委员会提出复审

申请。

王某吉公司提起复审的主要理由是："怕上火喝"系王某吉公司独创并首先使用的广告用语，经王某吉公司长期、持续并有效的使用，相关公众已将其与王某吉公司及其关联公司唯一地联系起来。诉争商标指定商品并未以是否预防"上火"作为消费者选购的依据，不会误导公众，故不存在描述夸大宣传的情形，故并未违反《商标法》第10条第1款第7项的规定。诉争商标指定使用的商品本身不具备和不应具备解决"上火"的相关药效和功能，消费者不会把是否能治愈"上火"作为选购的依据，诉争商标也不属于该行业内对商品品质和特点的一般性表述形成词。诉争商标的申请注册完全符合法律规定，理应得到法律的支持。

广州某药集团向商标评审委员会提交了以下意见：诉争商标的注册易使消费者混淆误认，进而造成不良影响，违反《商标法》第10条第1款第7项、第8项的有关规定。诉争商标指定使用在"医用营养饮料、婴儿奶粉"等商品上，直接表示了商品项目的功能、用途等特点，违反了《商标法》第11条第1款第2项的规定。诉争商标构成对广州某药集团在先申请及使用的商标的恶意抢注，诉争商标与广州某药集团"怕上火喝王老吉"商标构成类似商品服务上的近似商标。诉争商标的注册属于恶意注册，违反了诚实信用原则。

商标评审委员会作出被诉决定。决定中关于焦点问题展开了论述。商评委认为该案存在以下焦点问题：

（1）"怕上火喝加多宝"作为商标，是否违反《商标法》第10条第1款第7项的规定。

（2）诉争商标是否构成《商标法》第13条第2款规定的复审理由。

（3）诉争商标是否构成恶意抢注行为。

（4）诉争商标是否属于有害于社会主义道德风尚或者有其他不良影响的标志。

关于焦点问题一，本案中，诉争商标由上下结构的"怕上火"及"喝加多宝"组成，其构词可明显区分为具有不同含义及语法特征的三个词汇"怕上火"、"喝"、"加多宝"。其中"上火"是中医术语，意为"人体阴阳失衡，内火旺盛"。诉争商标中的"怕上火"、"喝"易被消费者理解为具有"害怕上火，喝"的含义，从而误认为诉争商标指定使用在"医用营养饮料"等商品上具有一定抑制"上火"的功能。而王某吉公司在申请书中明确提出，诉争商标指定的商品本身不具备和不应具备解决"上火"的药效和功能。故诉争商标指定使用在"医用营养饮料"等商品上，易使消费者对商品的功能等特点产生误认，属于《商标法》第10条第1款第7项规定所指情形。

关于焦点问题二，《商标法》第13条第2款规定"就相同或者类似商品申请注册的商标是复制、摹仿或者翻译他人未在中国注册的驰名商标，容易导致混淆的，不予注册并禁止使用"。广药集团提交的在案证据难以证明在诉争商标申请注册日前，广药集团与诉争商标指定使用的"医用营养饮料"等商品或类似商品上在先使用的未注册商标已在中国经过长期、广泛宣传使用，为中国消费者所熟知，具有驰名商标所应有的广泛影响力和知名度，从而可以被认定为中国驰名商标。故广药集团认为诉争商标的注册已构成《商标法》第13条第2款的复审理由缺乏事实依据，不能成立。

关于焦点问题三，"在先使用并有一定影响的商标"系指在中国已经使用并为一定地域范围内相关公众所知晓的未注册商标。广州某药集团提交的证据不足以证明广州某药集团将与诉争商标相同或近似的标识作为商标通过其宣传、使用，在诉争商标指定使用的"医用营养饮料"等商品上或与之类似商品或服务上在中国大陆已具有一定知名度。因此，广州某药集团关于王某吉公司申请注册诉争商标系恶意抢注的情形，违反了《商标法》第32条的主张，不予支持。

关于焦点问题四，根据《商标法》第10条第1款第8项的规定，有害于社会主义道德风尚或者有其他不良影响的标志不得作为商标使用。其中，"社会主义道德风尚"是指我国人民共同生活及其行为的准则、规范以及在一定时期内社会上流行的良好风气和习惯，"其他不良影响"是指商标的文字、图形或者其他构成要素对我国政治、经济、文化、宗教、民族等社会公共利益和公共秩序产生消极的、负面的影响。本案诉争商标本身并无有害于社会主义道德风尚或具有其他不良影响的情形。故争议商标的注册未构成《商标法》第10条第1款第8项所指情形。

最终，商标评审委员会决定：诉争商标不予核准注册。

王某吉公司不服被诉决定，向北京知识产权法院提起行政诉讼。

（二）法院认定

一审北京知识产权法院认为："怕上火喝加多宝"商标（简称诉争商标）的描述属于具有误导性描述的内容，关于诉争商标不予注册的被诉决定并无不当。

二审北京高级人民法院经审理认为：根据《商标法》第10条第1款第7项规定，带有欺骗性，容易使公众对商品的质量等特点或者产地产生误认的，不得作为商标使用。带有欺骗性，是指商标对其指定使用的商品或者服务的质量等特点或者产地作了超过其固有程度或与事实不符的表示，容易使公众对商品或者服务的质量等特点或者产地产生错误的认识。诉争商标"怕上火喝加多宝"可以拆分为"怕上火喝"和"加多宝"两部分。王某吉公司亦认可"怕上火喝"原为广告语，相关公众会认为是对产品功能的宣传性用语，可从字面意思理解为"如果担心上火，就喝……"的含义，表示该商标指定使用的商品会具有预防上火甚至去火的医疗、保健功效。诉争商标指定使用在"医用营养饮料、婴儿奶粉、婴儿食品、医用营养食物、医用营养品、医用糖果"等商品上，会使相关公众联想到食用带有诉争商标的上述食品，会具有预防上火甚至去火的医疗、保健功效，但是根据现有证据无法证明其生产的上述商品具有预防上火甚至去火的医疗、保健功效，故"怕上火喝"之用语有误导公众之虞。原审判决和被诉决定关于诉争商标的申请注册违反了《商标法》第10条第1款第7项规定的认定并无不当。

【思考问题】

（1）诉争商标"怕上火喝加多宝"是否可以作为商标注册？

（2）广告宣传用语是否可以注册商标？

【案例分析及练习】

在审查阶段，初步审定公告后，针对商标绝对禁止条件和相对禁止条件，异议人会提出异议，针对异议人提出的理由，商标局会进行核查，若异议人的异议理由成立，则申请人（被异议人）的商标注册申请则面临不予注册局面。

本案中"怕上火喝加多宝"是一句广告用语，而广告用语可以是一次文字创意，所以通常可以获得著作权的保护。那广告用语是否也可以获得商标权，进行商标注册呢？其实广告用语要想获得商标注册也未尝不可，但是必须符合商标注册的几个基本条件：

（1）不能有不良影响；

（2）不能直接表示商品功能或特点；

（3）不能缺乏显著性；

（4）不能存在混淆的可能。

本案中，"怕上火喝加某宝"字样，带有一定的诱导性，在其功效不明的情况下，作为广告用语是否可行都还欠商讨。其次，从商标的显著性来看，"怕上火喝加多宝"是一句陈述句，可以理解为更多的是在强调动宾短语后面的"加多宝"三个字。所以，作为一个没有什么实质意义和创意的句设，它的创新性远远逊色于臆造商标，用来注册商标并不合适。

司法实践中，并非所有的广告语都不能作为商标加以注册，但是广告语被核准注册为商标的案例较少。通过研读商标评审委员会被诉决定中提出的四个焦点问题可以发现，解决本案的关键性问题在于判断待注册商标的积极条件是否符合规定，即该商标是否具有合法性、显著性和新颖性。因此，若商家想将某个短语申请注册为商标，首先要考虑该短语是否会当作广告宣传用语进行使用；其次，该短语是否具有显著性，应当结合其指定使用的商品或服务来识别，即该短语是否为该商品或者服务所属领域中的常用用语，以免被判定为弱商标而不能注册。

请结合案例内容，展开讨论并进行一次模拟法庭辩论。通过查阅相关资料回答问题：判断商标经过使用取得显著性特征时应综合考虑哪些因素？

三、商标无效宣告行政纠纷案例

艾欧 A（中国）热水器有限公司与商标评审委员会无效宣告行政纠纷案

（一）案情简介

中山市财某来公司是注册商标"AOSMBCIH"（诉争商标）的商标权人。艾欧 A（中国）热水器有限公司（简称艾欧 A 公司）认为其注册申请具有主观恶意，属于恶意注册，违反了诚实信用原则，对艾欧 A 公司利益造成损害。另外，艾欧 A 公司拥有"A. O. SMITH 史密斯"系列商标。该系列商标经艾欧 A 公司及其母公司多年宣传使用已具有较高知名度和显著性。所以，艾欧 A 公司认为诉争商标是对艾欧 A 公司及其母公司在先注册的驰名商标的复制摹仿。于是，艾欧 A 公司向商标评审委员会提出商标无效宣告请求。

为支持其无效宣告理由，艾欧 A 公司在评审阶段提交了相关证据材料：艾欧 A 公司及其母公司企业基本情况；相关的侵权保护记录。

诉争商标与引证商标的标识内容及核对使用商品类别见表 5-2。

表 5-2 诉争商标与引证商标具体情况对比

商标	诉争商标	引证商标一	引证商标二	引证商标三	引证商标四	引证商标五
	AOSMBCIH	AO 史密斯	AO Smith	史密斯 A. O. SMITH	A. O. 史密斯	AO Smith
核定使用的商品	第 11 类：厨房用抽油烟机、空气调节设备、燃气炉、烹调器、冷却设备和装置、淋浴热水器等	第 11 类：热水器、燃气式热水器、电热水器、锅炉（非机器零件）等	第 11 类：热水器、燃气式热水器、电热水器、锅炉（非机器零件）等	第 11 类：冲淋房（浴室装置）、盥洗池（卫生设备部件）、冷冻设备和机器等	第 11 类：热水器、电热水器、车灯、空气调节装置、电吹风、暖器等	第 11 类：热水器、电热水器、锅炉（非机器零件）、饮水机等
专用权期限	专用权期限自 2014 年 10 月 7 日至 2024 年 10 月 6 日。诉争商标的注册商标权人为财某来公司，即本案第三人	经续展，注册商标专用权期限至 2027 年 9 月 27 日	专用权期限至 2023 年 5 月 20 日	经续展，注册商标专用权期限至 2027 年 10 月 27 日	注册商标专用权期限至 2024 年 3 月 13 日	注册商标专用权期限至 2021 年 10 月 6 日

经过评审后，商标评审委员会在被诉裁定中认定如下：

（1）诉争商标与引证商标四不构成近似商标，诉争商标核定使用的"厨房用抽油烟机、空气调节设备"商品与引证商标二、引证商标三、引证商标五核定使用的商品既不相同亦非类似，因此，诉争商标在淋浴热水器等商品上与引证商标二、三、五构成《商标法》第 30 条所指的使用在同一种或类似商品上的近似商标，在"厨房用抽油烟机、空气调节设备"商品上与引证商标二、三、五未构成使用在同一种或类似商品上的近似商标。

（2）诉争商标与引证商标一在文字构成、呼叫等方面均有较大差异，未构成近似商标，因此，不宜认定诉争商标构成对他人驰名商标的复制、抄袭或摹仿。

（3）尚无充分证据显示艾欧 A 公司在诉争商标申请日之前在厨房用抽油烟机、空气调节设备商品上已在先使用与诉争商标相同或近似的商标并产生一定影响，故难认定诉争商标在前述两项商品上的注册构成对艾欧 A 公司商标的恶意抢注。

（4）本案诉争商标并未构成《商标法》第 10 条第 1 款第 8 项所指的因商标本身文字、图形或其他构成要素违反公序良俗而产生不良影响的情形。依照《商标法》第 30 条、第 45 条第 1 款和第 2 款、第 46 条和《商标法实施条例》第 68 条的规定，商标评审委员会裁定诉争商标在"燃气炉、烹调器、冷却设备和装置、淋浴热水器、加热装置、壁炉、消毒设备、电暖器"商品上予以无效宣告，在"厨房用抽油烟机、空气调节设备"商品上予以维持。

后艾欧A（中国）热水器有限公司因不服被告商标评审委员会作出的关于"AOSMBCIH"商标无效宣告请求裁定，故向北京知识产权院提起诉讼，其诉称：

（1）诉争商标与引证商标四在文字构成、含义、读音等方面相同或近似，二者已构成近似商标。

（2）经过长期、大量、广泛的宣传，引证商标一使用在热水器产品上的销售、宣传已具有极高的知名度和影响力，已构成驰名商标。

（3）中山市财某来公司具有明显的"傍名牌"的主观恶意。

（二）法院认定

北京知识产权院经过审理后，认为本案有以下焦点问题：

（1）被诉商标与引证商标是否构成近似，商品类别是否近似？

（2）诉争商标是否构成《商标法》第13条第3款所指情形？

关于焦点问题一，本案中，诉争商标由英文字母组合"AOSMBCIH"（见图5-3a）构成，引证商标二（见图5-3c）与引证商标五（见图5-3f）分别由字母及图构成，引证商标三（见图5-3d）由英文字母及汉字构成。诉争商标与引证商标二、三、五英文部分的字母及其组合相近，构成近似商标。引证商标四（见图5-3e）由英文字母及汉字构成。诉争商标与引证商标四在文字构成、呼叫等方面存在差异，不属于近似商标。

图5-3　艾欧A公司诉争商标和引证商标
（a）诉争商标；（b）引证商标一；（c）引证商标二；（d）引证商标三；（e）引证商标四；（f）引证商标五

被诉裁定认定，诉争商标核定使用的淋浴热水器等商品与引证商标二、三、五核定使用的热水器等商品属于同一种或类似商品，根据在案证据可知，空气调节设备、厨房用抽油烟机与热水器等商品在功能、用途、生产部门、销售渠道、消费群体等方面相同或相近，构成类似商品。同时，在案证据亦显示，引证商标二、五在热水器商品具有较高知名度，若诉争商标与其共存于类似商品上，易使相关公众对商品来源产生混淆误认。因此，诉争商标与引证商标二、三、五已构成《商标法》第 30 条规定的使用在同一种或类似商品上的近似商标。被告关于诉争商标核定使用的"厨房用抽油烟机、空气调节设备"商品与引证商标二、三、五核定商品既不相同亦非类似的认定有误。

根据《商标法》第 30 条的规定："申请注册的商标同他人在同一种商品或者类似商品上已经注册的或者初步审定的商标相同或者近似的，由商标局驳回申请，不予公告。"

关于焦点问题二，《商标法》第 13 条第 3 款规定，就不相同或者不相类似商品申请注册的商标是复制、摹仿或者翻译他人已经在中国注册的驰名商标，误导公众，致使该驰名商标注册人的利益可能受到损害的，不予注册并禁止使用。

本案中，原告请求认定引证商标一为热水器商品上的驰名商标。诉争商标与引证商标一在文字构成、呼叫等方面存在差异，不属于《商标法》第 13 条第 3 款所规定的复制、摹仿或者翻译他人驰名商标的情形。因此，诉争商标未构成《商标法》第 13 条第 3 款所指情形。

综上，原告请求撤销被诉裁定的理由部分成立。

【思考问题】

（1）本案中诉争商标与引证商标的近似判断依据是什么？

（2）驰名商标的保护以及认定依据是什么？

（3）请求商标无效宣告的理由有哪些？

【案例分析及练习】

（1）关于本案的诉争商标与引证商标的近似判断我们可以回顾综合训练项目二中有关商标近似判断的讲解。诉争商标由英文字母组合"AOSMBCIH"构成，引证商标二、五由分别由"AO Smith""AO Smith"及图构成，引证商标三由"A. O. Smith 史密斯"构成。根据相关规定可知，外文商标由四个或者四个以上字母构成，仅个别字母不同，整体无含义或者含义无明显区别，易使相关公众对商品或者服务的来源产生混淆的，判定为近似商标。所以诉争商标与引证商标二、三、五英文部分的字母及其组合相近，构成近似商标。

商标首字母发音及字形明显不同，或者整体含义不同，使商标整体区别明显，不易使相关公众对商品或者服务的来源产生混淆的不判为近似商标。引证商标四由英文字母及汉字"A. O. 史密斯"构成，在文字构成、呼叫等方面存在差异，与诉争商标不属于近似商标。

（2）关于驰名商标的保护，应该追溯到《巴黎公约》的签订。我国《商标法》第 13 条规定："为相关公众所熟知的商标，持有人认为其权利受到侵害时，可以依照本法规定请求驰名商标保护。就相同或者类似商品申请注册的商标是复制、摹仿或者翻译他人未在中国注册的驰名商标，容易导致混淆的，不予注册并禁止使用。就不相同或者不相类似商品申请注册的商标是复制、摹仿或者翻译他人已经在中国注册的驰名商标，误导公众，致使该驰名商标注册人的利益可能受到损害的，不予注册并禁止使用。"所以，驰名商标属于被动认定，可以在个案中申请有关部门作出认定。在本案中，我们可以看见原告请求认定引证商标一为热水器商品上的驰名商标。通过法院的审理及判决我们也可以知道法院对引证商标一的较高市场知名度予以认可，但由于诉争商标未与引证商标一构成近似，所以不构成《商标法》第13条的规定情形。所以，对于驰名商标的保护虽然可以跨类保护，可以不以实际发生混淆为要件，但仍需判断有无混淆可能性。

（3）请求商标无效宣告是针对已经注册的商标提出的。2013年《商标法》修改后，有两个阶段可以提出商标无效宣告申请。首先是针对异议阶段，异议理由不成立，商标局核准注册的商标后，异议人可以向商标评审委员提出无效宣告申请。其次是针对违反《商标法》第13条第2款和第3款、第15条、第16条第1款、第30~32条规定的已经注册的商标，自商标注册之日起五年内，在先权利人或者利害关系人可以请求商标评审委员会宣告该注册商标无效。对恶意注册的，驰名商标所有人不受五年的时间限制。

本案中，艾欧A（中国）热水器有限公司认为中山市财某来公司具有明显的"傍名牌"的主观恶意，认为其属于恶意注册行为，请结合案例内容，通过查阅相关案例及材料，试分析如何判断商标注册过程中不当行为人的恶意注册行为？考察因素有哪些？

四、商标撤销行政纠纷案例

孙某某与商标评审委员、张某某商标撤销行政纠纷案

（一）案情简介

诉争商标"安惠"商标，由汕头市龙湖区美源食品厂于2002年7月31日向商标局申请注册，于2004年3月7日获准注册，指定使用在第5类"人用药、白朊牛奶、婴儿奶粉、婴儿食品、医用营养品、空气清新剂、兽医用药、杀害虫剂、医用糖果"商品上。经续展商标专用期限至2024年3月6日。2010年5月27日经商标局核准该商标转让予孙某某。

后张某某于2015年8月3日以连续三年不使用为由向商标局提出撤销注册申请。商标局经审查认为，孙某某提供的商标使用证据无效，张某某申请撤销理由成立，遂作出商标撤三决定，撤销第5类"安惠"注册商标，原商标注册证作废，并予公告。

商标评审委员会做出的撤销复审决定认为：诉争商标获准注册日期早于2014年5月1日，根据法不溯及既往的原则，实体问题应适用修改前的《商标法》，本案的相关程序问题适用修改后的《商标法》。

本案的焦点问题是在2012年8月3日至2015年8月2日期间（简称指定期间），孙某某是否将诉争商标在核定使用的人用药等商品上进行了真实、有效的商业使用。用以证明诉争商标不存在连续三年不使用情形的证据材料，应当符合以下要求：能够显示使用的诉争商标标识、能够显示诉争商标使用在指定商品上、能够显示诉争商标的使用人（包括商标注册人和被许可使用人）、能够显示诉争商标的使用时间等。

本案中，孙某某提交以下证据材料情况如下：

（1）商标许可授权书及营业执照。这仅能证明诉争商标被许可给揭东安培营养品有限

公司（以下简称揭东安培公司）使用及揭东安培公司的主体资格。该证据并不能证明诉争商标的使用情况。

（2）变更证明材料。这仅能证明被许可使用人揭东安培公司相关工商登记变更及企业名称变更情况，无法证明诉争商标的使用情况。

（3）商品质检报告、委托加工合同。这仅为被许可使用人产品进入流通市场前所做的准备工作，并不能证明该产品已实际进入流通市场使用，且商品质检报告中产品并非是诉争商标指定使用的商品。

（4）购销合同及发票、经销合同及发票。这些合同与发票所显示的商品并非是诉争商标指定使用的商品，该证据无法证明诉争商标在指定商品上有过使用。

（5）产品及外包装照片、销售发货单。此均为自制证据，证明力不强，且该证据所显示的商品并非是诉争商标指定使用的商品，难以证明诉争商标商品的实际使用情况。

第三人张某某述称：原告的商标许可协议或授权书是后补的，应认定无效。原告的商品检验报告、销售合同、发票、货品陈列照片都是复印件，且各自表明的商品也前后不一，又都与诉争商标核定使用的商品不相同，应认定证据无效。

综上所述，孙某某提交的证据无法形成完整证据链证明诉争商标在指定期间内在人用药等商品上进行了公开、真实、有效的商业使用。

孙某某不服商标局作出的撤三决定，于2016年5月30日向商标评审委员会提出复审申请，其主要理由为：诉争商标一直被连续大量使用，且提供的使用证据属于有效使用证据，并没有像张某某所说的连续三年不使用的情况。因此，诉争商标应予以维持。于是孙某某向北京知产法院提起行政诉讼。张某某作为第三人参加诉讼。

（二）法院认定

北京知识产权法院经审理认为，本案的焦点问题在于孙某某是否在指定期间在核定商品上对诉争商标进行了商标法意义上的使用。

商标的使用是指商标的商业使用，包括将商标用于商品、商品包装或者容器以及商品交易文书上，或者将商标用于广告宣传、展览以及其他商业活动中，且商标的使用应是在该商标指定商品或服务上的使用。

本案中，孙某某在撤销阶段和复审阶段提交的商标使用证据情况如下：

证据1商标许可授权书及营业执照。该证据可以证明其将诉争商标授权揭东安培公司使用，揭东安培公司作为被许可使用人对诉争商标的使用，属于修改前《商标法》第44条第4款规定的商标使用行为，但仅有商标许可使用行为，不能认定为商标使用行为。

证据2、3为揭东安培公司订制商品包装的委托加工协议及照片。该证据仅能够证明揭东安培公司为商品进入流通市场前所作的装备工作，并不能证明其相关商品已经进入流通领域。

证据4为揭东安培公司授权其他经营主体为地区经销商的经销合同。该证据不能直接证明相关商品已经进入流通领域以及销售情况。

证据5、9为销售发货单和照片为，自制证据。该组证据证明力较弱，且显示的商品不是诉争商标核定使用的商品。

证据 6 为工商营业执照中经营范围的变更。该证据不能证明其商标使用情况。

证据 7 为商品质检报告。该证据不能证明商品已经进入流通领域，且送检商品不是诉争商标核定使用的商品。

证据 8 为购销合同。该证据中显示的"幼儿葡萄糖"、"五谷营养麦片"商品不属于诉争商标核定使用的商品。原告主张幼儿葡萄糖属于诉争商标核定使用的婴儿食品，缺乏法律依据。

对于孙某某在诉讼阶段提交的新证据，证据 10~13 为商品调拨单。虽然部分商品调拨单显示有安惠五谷早餐奶、安惠营养奶等商品，但转账凭证与商品调拨单在时间、金额上均不具有对应关系，不能证明转账的货款是销售商品调拨单上所列商品的货款，故尚未形成完整的证据链证明诉争商标的真实使用情况。

证据 14、15 为发票。发票中显示的商品为葡萄糖，不是诉争商标核定使用的商品，不能证明诉争商标在核定使用商品上的使用。

证据 16 仅为转账凭证。该证据未显示诉争商标，不能证明是对诉争商标的使用。

证据 17、18 均为自制证据。该证据证明力较弱，在没有其他证据佐证的情况下，难以证明诉争商标的真实使用情况。

证据 19 仅为安培公司为生产商品所购包装的协议、发票及照片，不能证明其生产的附着有诉争商标的商品已实际进入流通市场。

证据 20 为工商管理部门在超市对安惠核桃粉的检验报告，但被抽检的商品为核桃粉，不属于诉争商标核定使用的商品，不能证明诉争商标用于核定使用的商品。

证据 21 为食品药品监督管理部门对揭东安培公司成品仓库的米粉商品进行抽检的报告，无法证明附着有诉争商标的商品已经实际进入流通市场，且被抽检的米粉商品不是诉争商标核定使用的商品。

证据 23 为转账凭证。仅能证明转账的事实，但不能与孙某某提交的其他证据相互印证并形成完整的证据链以证明是对诉争商标在核定使用商品上的使用。

证据 24 的商品生产日期、抽送样日期、检验报告作出日期均不在指定期间内，不能证明诉争商标在指定期间内的实际使用情况。

证据 25 仅为揭东安培公司为准备商品生产所购原材料，但不能证明附着有诉争商标的商品已经实际进入流通市场。

证据 26 为其他案件的行政判决书，不能证明诉争商标的使用情况。

因此，综合孙某某提交的证据，均不能证明在指定期间内孙某某在核定商品范围内对诉争商标进行了真实有效的商业使用。

综上，被告作出的被诉决定证据确凿，适用法律正确，符合法定程序。驳回原告孙某某的诉讼请求。

【思考问题】

（1）注册商标的撤销事由有哪些？

（2）本案中，孙某某提供的使用证据是否是有效证据，为什么？

【案例分析及练习】

注册商标的撤销是指商标局或者商标评审委员会对违反《商标法》及相关规定的行为作出决定或者裁定，使原注册商标专用权归于消灭的程序。商标被撤销的事由有：

（1）商标注册人在使用注册商标的过程中，自行改变注册商标、注册人名义、地址或者其他注册事项，针对这些事项，由地方工商行政管理部门责令限期改正；期满不改正的，由商标局撤销其注册商标。

（2）注册商标成为其核定使用的商品的通用名称。

（3）没有正当理由连续三年不使用的，任何单位或者个人可以向商标局申请撤销该注册商标。

商标的使用是其自身继续有效以及商标专用权保护的前提。商标注册人注册商标应当物尽其用，如果核准注册后的商标不能得到合理使用，不仅会造成商标资源的浪费，也会造成投机者大量囤标的不良社会影响。2013 年《商标法》修改后，增加了"没有正当理由"的前提，也是充分考虑了一些商标确实存在不得已而三年不能正常使用的情况，比如企业的经营不善、一些药品的审核申报审批程序比较长等因素。

本案中，虽然我们不能看见证据本身，但法院针对原告提供的使用证据进行了充分合理的说明和论述，令人信服。企业应为商标建立可查档案，规范商标的操作管理，使商标只要有正常使用就能留下使用痕迹。企业只有确保商标管理体系运行的有效性，才能应对不时之需。

结合案例内容，请思考孙某某的商标被撤销后，会产生什么样的法律后果？在商标撤销案件中，商标权人需要提供的关键证据是什么？不服商标局做出的商标撤销决定时，可以采取什么样的救济程序？

参 考 文 献

[1] 刘春田．知识产权法［M］．北京：高等教育出版社，2015．

[2] 刘春田．知识产权法案例分析［M］．北京：高等教育出版社，2007．

[3] 吴汉东．知识产权法［M］．北京：法律出版社，2014．

[4] 郭禾．知识产权法［M］．北京：中国人民大学出版社，2015．

[5] 张平．知识产权法［M］．北京：北京大学出版社，2015．

[6] 张耕，蒙洪勇．知识产权法实务教程［M］．北京：中国人民大学出版社，2012．

[7] 宿迟．商标与商号的权利冲突问题研究［M］．北京：中国人民公安大学出版社，2003．

[8] 王莲峰．商标法学［M］．北京：北京大学出版社，2014．

[9] 温旭．知识产权业务律师基础实务［M］．北京：中国人民大学出版社，2014．

[10] 张锐．商标实务指南［M］．北京：法律出版社，2015．

[11] 熊建新，彭丁带．商标纠纷案例与实务［M］．北京：清华大学出版社，2015．

[12] 江昀．知识经济中的知识产权制度概论［M］．哈尔滨：哈尔滨工程大学出版社，2016．

[13] 王泽．国家工商行政管理总局商标评审委员会：《商标显著性研究》载《商标通讯》2003 年第 4 期．

[14] 冯晓清．商标法修正案（草案）评述及修改建议［J］．知识产权，2013（2）．

[15] 王莲峰．我国商标权取得制度的不足与完善［J］．法学，2012（11）．

[16] 吴汉东．知识产权国际保护制度的变革与发展［J］．法学研究，2015（3）．

[17] 周雁．无形资产变资本，知识产权更值钱——"东钱湖"商标做质押成功贷款 2 亿元［N］．东南商报 2015-5-23．

参考文献

[1] ……
[2] ……
[3] ……
[4] ……
[5] ……
[6] ……
[7] ……
[8] ……
[9] ……
[10] ……
[11] ……
[12] ……
[13] ……
[14] ……
[15] ……
[16] ……
[17] ……